NATÁLIA GUBEREV

POLÍTICAS PÚBLICAS
DOS RESÍDUOS SÓLIDOS

Aspectos jurídicos e gerenciais

2018

Dedico este trabalho a minha família; meus pais, Basílio Guberev (*in memorian*) e minha mãe, Marieta Guberev, pois cada conquista que consigo é graças a todos os seus esforços. Meu eterno reconhecimento e gratidão.

Aos meus filhos, Natalie e Portinho, pois sonho em servir de exemplo positivo para ambos.

Ao meu marido, Mairton, querido e companheiro. Avante! Juntos, hoje e sempre!

Minha irmã, Roberta, meu sobrinho, Gustavo e meu cunhado Paulo, todos fazem parte - cada qual a seu modo – dessa história.

Vocês são tudo para mim. Tudo é por vocês e para vocês... É por amor que dedico esta conquista a cada um de vocês!

"Olhai os lírios do campo, como eles crescem! Não
trabalham nem fiam ..."
(Mateus 6:28)

LISTA DE ABREVIATURAS E SIGLAS

%	Porcentagem
§	Parágrafo
A3P	Agenda Ambiental na Administração Pública
ABETRE	Associação Brasileira de Empresas de Tratamento de Resíduos
ABNT	Associação Brasileira de Normas Técnicas
Abralatas	Associação Brasileira dos Fabricantes de Latas de Alta Reciclabilidade
ABRELPE	Associação Brasileira de Empresas de Limpeza Pública e Resíduos Especiais
ANAC	Agência Nacional de Aviação Civil
ANTAQ	Agência Nacional de Transportes Aquaviários
ANTT	Agência Nacional de Transportes Terrestres
ANVISA	Agência Nacional de Vigilância Sanitária
Art.	Artigo
ATT	Áreas de Triagem e Transbordo
BID	Banco Interamericano de Desenvolvimento
BIRD	Banco Internacional para Reconstrução e Desenvolvimento
BNDES	Banco Nacional do Desenvolvimento
CA	Consumo Aparente
CAPES	Coordenação de Aperfeiçoamento de Pessoal de Nível Superior
CEMPRE	Compromisso Empresarial para a Reciclagem
CETESB	Companhia de Tecnologia de Saneamento Ambiental
CF	Constituição Federal
CGPAC	Comitê Gestor do Plano de Aceleração do Crescimento
CIISC	Comitê Interministerial de Inclusão de Catadores de Materiais Recicláveis
CL	Concentração Letal
CNAE	Classificação Nacional de Atividades Econômicas
CNEN	Comissão Nacional de Energia Nuclear
CNES	Cadastro Nacional de Estabelecimentos de Saúde

CONAMA	Conselho Nacional do Meio Ambiente
COV	Compostos Orgânicos Voláteis
CP	Corpo de Prova
CTF	Cadastro Técnico Federal
DA	Densidade Aparente
DATAPREV	Empresa de tecnologia e Informações da Previdência Social
DATASUS	Departamento de Informática do Sistema Único de Saúde
DIRUR	Diretoria de Estudos e Políticas Regionais, Urbanas e Ambientais
DL	Dose Letal
EUA	Estados Unidos da América
FAT	Fundação de Apoio á Tecnologia
FGTS	Fundo de Garantia do Tempo de Serviço
FGV	Fundação Getúlio Vargas
FIESP	Federação das Indústrias do Estado de São Paulo
FNMA	Fundo Nacional de Meio Ambiente
FUNASA	Fundação Nacional de Saúde
GVR	Gorduras Vegetais Residuais
H2	Hidrogênio
H2O	Água
He	Hélio
Hz	Hertz (s-1)
IBAMA	Instituto Brasileiro do Meio Ambiente e dos Recursos Naturais Renováveis
IBGE	Instituto Brasileiro de Geografia e Estatística
IBRAM	Instituto Brasileiro de Mineração
IDH	Instituto de Desenvolvimento Humano
INFRAERO	Empresa Brasileira de Infraestrutura Aeroportuária
INMETRO	Instituto Nacional de Metrologia, Normalização e Qualidade Industrial
INP	Instituto Nacional do Plástico
INPEV	Instituto Nacional de Processamento de Embalagens Vazias
INPI	Instituto Nacional da Propriedade Industrial

INSEA	Instituto Nenuca de Desenvolvimento Sustentável
IPEA	Instituto de Pesquisa Econômica Aplicada
IPI	Imposto sobre Produtos Industrializados
IPTU	Imposto Predial e Territorial Urbano
IQAS	Índice de Qualidade dos Aterros Sanitários
LEV	Locais de Entrega Voluntária
LOA	Lei Orçamentária Anual
LR	Logística Reversa
MAPA	Ministério da Agricultura, Pecuária e Abastecimento
MCidades	Ministério das Cidades
MCT	Ministério de Ciência e Tecnologia
MDIC	Ministério da Indústria e Comércio Exterior
MDL	Mecanismos de Desenvolvimento Limpo
MDS	Ministério do Desenvolvimento Social e Combate à Fome
MEC	Ministério de Educação
MEV	Microscopia Eletrônica de Varredura
MF	Ministério da Fazenda
Min	Minuto
Mm	Milímetro
MMA	Ministério do Meio Ambiente
MME	Ministério de Minas e Energia
MNCR	Movimento Nacional dos Catadores de Materiais Recicláveis
MPOG	Ministério do Planejamento, Orçamento e Gestão
MS	Ministério da Saúde
NBR	Norma Brasileira
OGR	Óleos e Gorduras Residuais
OGU	Orçamento Geral da União
OGV	Óleos e Gorduras Vegetais
OMS	Organização Mundial de Saúde
ONU	Organização das Nações Unidas

OPAS	Organização Pan-Americana da Saúde
OSCIP	Organização da Sociedade Civil de Interesse Público
PA	Porosidade aparente
PAC	Programa de Aceleração ao Crescimento
PANGEA	Centro de Estudos Socioambientais
PEV	Pontos de Entrega Voluntária
PGIRS	Plano de Gerenciamento Integrado dos Resíduos Sólidos
PGRMS	Plano de Gerenciamento de Resíduos da Mineração
PGRS	Plano de Gerenciamento de Resíduos Sólidos
PGRSS	Plano de Gerenciamento de Resíduos de Serviços de Saúde
PIB	Produto Interno Bruto
PLANSAB	Plano Nacional de Saneamento Básico
PLS	Projeto de Lei do Senado
PMGIRS	Plano Municipal de Gestão Integrada de Resíduos Sólidos
PNEA	Plano Nacional de Educação Ambiental
PNM	Plano Nacional de Mineração
PNMC	Plano Nacional de Mudanças Climáticas
PNPD	Programa de Pesquisa para o Desenvolvimento Nacional
PNRH	Plano Nacional de Recursos Hídricos
PNRS	Política Nacional de Resíduos Sólidos
PNSB	Pesquisa Nacional de Saneamento Básico
PNSB	Política Nacional de Saneamento Básico
PNUD	Programa das Nações Unidas para o Desenvolvimento
POPs	Poluentes Orgânicos Persistentes
PPA	Plano Plurianual
PPCS	Plano de Ação para Produção e Consumo Sustentáveis
PPP	Parceiras Público Privadas
PRONEA	Programa Nacional de Educação Ambiental
PSAU	Pagamento por Serviços Ambientais Urbanos
RCC	Resíduos da Construção Civil

RCD	Resíduos de Construção e Demolição
REE	Resíduos Eletroeletrônicos
RIDE	Regiões Integrada de Desenvolvimento
RM	Regiões Metropolitanas
RSD	Resíduos Sólidos Domésticos
RSI	Resíduos Sólidos Industriais
RSS	Resíduos de Serviços de Saúde
RSU	Resíduos Sólidos Urbanos
SAE/PR	Secretaria de Assuntos Estratégico da Presidência da República
SCIELO	Scientific Electronic Library Online
SELIC	Sistema Especial de Liquidação e de custódia
SEP/PR	Secretaria Especial de Portos da Presidência da República
SICONV	Sistema de Convênios do Governo Federal
SINDICOM	Sindicato Nacional das Empresas Distribuidoras de Combustíveis e de Lubrificantes
SINGREH	Sistema Nacional de Gerenciamento de Recursos Hídricos
SINIMA	Sistema Nacional de Informações sobre Meio Ambiente
SINIR	Sistema de Nacional de Informações sobre a Gestão dos Resíduos Sólidos
SINISA	Sistema Nacional de Informações em Saneamento Básico
SISNAMA	Sistema Nacional do Meio Ambiente
SLU	Serviço de Limpeza Urbana
SMA	Secretaria do Meio Ambiente
SNIC	Sistema Nacional de Informações das Cidades
SNIRH	Sistema Nacional de Informações de Recursos Hídricos
SNIS	Sistema Nacional de Informações em Saneamento Básico
SNSA	Secretaria Nacional de Saneamento Ambiental
SNVS	Sistema Nacional de Vigilância Sanitária
SRI	Secretaria de Relações Institucionais da Presidência da República
UFBA	Universidade Federal da Bahia
UFRGS	Universidade Federal do Rio Grande do Sul

UFRJ	Universidade Federal do Rio de Janeiro
UFS	Unidades Federativas
UNESCO	United Nations Educational, Scientific and Cultural Organization

1 INTRODUÇÃO

Milhares de toneladas de resíduos industriais, domésticos e da construção civil são produzidos anualmente. A gestão desses resíduos configura-se em um imperativo ético, pela conservação e promoção da vida – de forma generalizada – mudando as formas de produção e de consumo.

As políticas públicas têm papel determinante nesse processo de transformação da conduta social, considerando duas ordens essenciais para a estruturação desse plano sistêmico: a primeira diz respeito ao incremento da aplicação de uma legislação mais severa e mais eficaz, acompanhado de uma gestão ambiental bem estruturada – no plano político – com reflexos na sociedade; a segunda ordem, considerada fundamental, trata-se da educação que demanda uma profunda transformação, desde que seja consistente e duradoura, capaz de integrar e incorporar os valores da sociedade, resultando, então, mudanças de hábitos e atitudes.

A educação para a consciência social de um desenvolvimento sustentável se destaca em dois momentos pedagógicos que se complementam: o primeiro é pautado no sentimento de solidariedade e sensibilização, objetivando a compreensão por parte do homem, no que diz respeito às relações entre homem e natureza; o segundo se volta à ética e à mudança de comportamento, em escala regional e global, materializando atitudes menos danosas do homem, em relação ao meio ambiente.

Na medida em que se produz uma integração social substancial e significativa dos novos parâmetros propostos, conseguir-se-á fluir, direta e indiretamente, transformações da realidade, agora já impregnada pela responsabilidade social. Essa integração se autopromoverá, criando mecanismos de correção dos desvios das atenções às emergências surgidas. Portanto, a educação entre os atores sociais é o elemento que promove a transformação dos ciclos viciosos em processos virtuosos. A educação é o remate central para o conhecimento.

A partir desses conceitos, percebe-se que o processo de desenvolvimento socioeconômico e cultural não pretende, e nem deve, separar a sociedade da natureza. É apenas uma questão de equilíbrio, inclusive de interesses.

A incorporação da dimensão participativa, nas políticas públicas para o setor de desenvolvimento sustentável para o meio ambiente, deve ser entendida não como uma mera busca de concordância da população, mas, como uma busca consequente de uma verdadeira responsabilização de todos os atores envolvidos no processo de gestão, gerando o vigor, a segurança e a credibilidade social.

A elaboração dos Planos Municipais de Gestão Integrada de Resíduos Sólidos constitui obrigação imposta a todos os municípios brasileiros, por força da Lei Federal 12.305, de 2 de agosto de 2010. Esta, que estabeleceu a Política Nacional de Resíduos Sólidos (PNRS), veio a lume durante a elaboração do presente trabalho, fato fundamental para o andamento da pesquisa, uma vez que conceitos extraídos da doutrina sofreram suas consequências, ora sendo encampados, ora afastados pela novel legislação.

A abordagem à questão da gestão dos resíduos sólidos, no presente trabalho, foi organizada em cinco capítulos, partindo dos temas mais gerais para os mais específicos.

No Capítulo 1, dedicou-se a traçar um paralelo entre a evolução da humanidade e a geração de resíduos, notadamente a partir da predominância da vida nas cidades. Feita essa contextualização histórica, passou-se a analisar o conceito de "resíduos sólidos", relacionando-o ao conceito de "lixo". Em seguida, fez-se uma apresentação de algumas classificações dos resíduos sólidos, culminando com a adotada pela Política Nacional de Resíduos Sólidos, estabelecida pela Lei 12.305/2010.

No Capítulo 2, foram apresentadas a relação entre a evolução do modelo do Estado Liberal para o Estado Social e as ações estatais de cunho social, as quais evoluíram para o conceito de "Políticas Públicas", agregando a participação da sociedade. Na sequência, destacou-se a Constituição Brasileira de 1988 como base jurídica para a adoção de políticas públicas em geral, identificando, no corpo normativo da Constituição, as normas que servem de fundamento para o tratamento das questões relacionadas aos resíduos sólidos no Brasil. Comentou-se ainda o sistema de repartição de competências adotado pela Constituição Brasileira de 1988, relacionando-o à gestão dos resíduos sólidos no Brasil.

Discorreu-se, no capítulo 3, acerca do que devem tratar as políticas públicas de planejamento e de gerenciamento dos resíduos sólidos, explicando em que consistem o gerenciamento e a gestão integrada. Aqui, fica bem delineado o caráter multidisciplinar do trabalho, fazendo-se necessário fixar conceitos de planejamento e de gestão, cuja origem está na Ciência da Administração, tanto privada como pública. Postos esses conceitos, passou-se a comentar a Política Nacional de Resíduos Sólidos estabelecida pela Lei 12.305/2010.

Esse é o mais longo entre os cinco capítulos que compõem o trabalho, uma vez que se volta para as esferas estatais brasileiras – federal, estadual e municipal – no âmbito da Política Nacional de Resíduos Sólidos. Além disso, foram destacados também os papéis da iniciativa privada do terceiro setor e a dimensão intersetorial da PNRS. Nesse sentido, foram comentadas as medidas adotadas pelas empresas e pelas entidades, referentes ao terceiro setor, que exploram atividades econômicas relacionadas aos resíduos sólidos urbanos, em face da Política Nacional de Resíduos Sólidos.

A Educação Ambiental mereceu um capítulo específico e exclusivo, o de número 5, tamanha a sua importância para a implementação da Política Nacional de Resíduos Sólidos. Ela é fundamental para que a sociedade a se comporte de maneira sustentável, pela implantação de uma consciência de preservação e reparação do meio ambiente

2 DO LIXO BIODEGRADÁVEL AOS RESÍDUOS SÓLIDOS URBANOS

2.1 A EVOLUÇÃO HUMANA E A GERAÇÃO DE RESÍDUOS

É uma característica da generalidade dos seres vivos buscar na natureza os elementos necessários ao seu sustento. Desde os ensinamentos de Lavoisier (1743-1794) sabe-se que *"na natureza nada se cria, nada se perde, tudo se transforma"*, de forma que a matéria passa de um ser para outro, mas é toda proveniente do próprio planeta, em um sistema fechado. Assim, a matéria que compõe o capim é a mesma que comporá a vaca, transformada, e a matéria que compõe a vaca novamente se transformará para alimentar outro ser ou mesmo compor algum objeto composto de matéria inorgânica, como um pente ou uma poltrona.

Com os seres humanos não é diferente. A espécie humana, como as demais, busca na natureza as substâncias que lhes são necessárias. A diferença é que as necessidades humanas não são apenas físicas, mas espirituais, morais ou éticas.

A ética, ensina LEFF, *"é o caminho para recriar sentidos existenciais; para que* o sentido volte a ser sentido, *para que a razão se reconecte com a paixão e o pensamento com o sentimento"*. E prossegue:

> Para tornar-nos irmãos con-sentidos, solidários de nossos direitos de ser, de ser diferentes, de ser únicos, unidos em nossas especificidades; nunca unificados, homogeneizados, mimetizados. A ética vem a ocupar-se desta titânica tarefa: recriar os sentidos da vida, dar novamente nome às coisas, mobilizar as vontades de

poder (não *do* poder) para reabrir os canais do desejo de vida na torrente da existência humana. A ética da vida é uma ética do ser, de um re-torno ao ser onde se aninharam os sentidos da existência, para pensar a sustentabilidade como um devir conduzido pelo caráter do ser.[1]

É essa dimensão ética que permite ao homem pensar sobre o meio ambiente, e sobre si mesmo; em relação ao meio, e como parte dele, direcionando os seus saberes e as suas condutas conforme essa ética, buscando o equilíbrio entre a sua existência individual e em relação ao todo.

LEFF, ao fazer a reflexão citada, refere Nietzsche, afirmando que o *dionisíaco*, significa:

> (...) "uma busca da unidade, o alcançar além da personalidade a cotidianidade, sociedade, realidade, através do abismo da transitoriedade: uma ultrapassagem passional-dolorosa para estados mais obscuros, mais completos, mais flutuantes; uma afirmação extática do caráter total da vida como aquilo que permanece igual, tão poderoso, tão glorioso, através de toda mudança; o grande compartilhar panteísta de alegrias e sofrimento que santifica e chama boas até as mais terríveis e questionáveis qualidade de vida; a vontade eterna de procriação, de frutificação, de recorrência; o sentimento da necessária unidade de criação e destruição" (Nietzsche, 1968:1050).[2]

---

[1]   LEFF, Enrique. Saber ambiental. Editora Vozes, Petrópolis: 2007. 5ª edição, p. 446/447.

[2]   LEFF, Enrique. Saber ambiental. Editora Vozes, Petrópolis: 2007. 5ª edição, p. 447.

Na dimensão das necessidades mais mediatas do ser humano, pesquisas arqueológicas indicam de que forma a espécie humana, desde seus primórdios, explora os recursos da natureza[3]. Os seres humanos inicialmente viveram como caçador-coletor, agrupado em pequenos grupos nômades, posteriormente, adotaram um estilo de vida sedentário, dedicando-se à agricultura e à domesticação de animais.

Foi a partir dessa fase transitória, o homem descobriu que podia modificar o ambiente no qual vivia, em proveito próprio, mas, foi também a partir daí que a atividade humana passou a gerar sobras que não eram aproveitadas nas atividades realizadas para a sua subsistência. Logo, o problema dos resíduos surgiu, a partir do momento em que os homens começaram a se fixar em determinados lugares, abandonando a vida nômade.

Nos primórdios das civilizações, era praticado o lançamento dos resíduos em áreas afastadas - que foram se tornando "os lixões" – bem como em cursos d'água. Há menção, na História Antiga, ao uso do fogo para a destruição dos restos inaproveitáveis, como também o seu aterramento. Mas, naquela época, os problemas gerados por esses resíduos eram insignificantes ou praticamente desconhecidos, mesmo porque as próprias atividades humanas estavam integradas aos ciclos naturais, de forma que os subprodutos dessas atividades eram absorvidos sem problemas pelos ecossistemas.

---

[3]   Veja-se a esse respeito "O mundo da caça, da pesca e da coleta", de PEDRO IGNÁCIO SCHMITZ, in "Arqueologia do Rio Grande do Sul", disponível em <http://www.anchietano.unisinos.br/publicacoes/ documentos/documentos05.pdf>.

Somente quando surgiram os aglomerados urbanos é que os problemas dos resíduos começaram a aparecer, por exemplo, algumas pragas e epidemias decorrentes da falta de condições sanitárias. É amplamente conhecido que esses primeiros núcleos urbanos surgiram na Mesopotâmia e no Egito, mas também se formaram em outras regiões do Oriente, como na Índia e na China.

Pode-se dizer que o ponto comum entre as cidades da antiguidade era o fato de elas se posicionarem próximas de mananciais de água (rios, lagos ou mares) e nas regiões mais planas, onde era mais fácil desenvolver a agricultura e o transporte dos produtos. Se por um lado a vida era facilitada por essa aglomeração de pessoas, pela colaboração entre elas, por outro, isto levou ao surgimento dos primeiros problemas urbanos, como a necessidade de saneamento básico, o que se constata a partir de uma simples consulta à Wikipédia, em seu verbete HISTÓRIA DAS CIDADES:

> O crescimento populacional nestas cidades começou a criar sérios problemas, quanto ao saneamento básico. A coleta de lixo era inexistente na maior parte das cidades. Habitantes da classe trabalhadora simplesmente jogavam seu lixo nas ruas - muitas, dos quais, não pavimentadas. Como consequência, doenças eram muito comuns na época, e a taxa de mortalidade era alta. Este problema era agravado com chuvas- que inundavam as casas da cidade com lama contaminado com lixo e microrganismos causadores de doenças. Outras cidades, porém, coletavam o lixo das casas e os jogavam fora das muralhas da cidade. As cidades romanas, em especial, se destacavam por suas ruas pavimentadas e seus

avançados sistemas de saneamento que não seriam ultrapassados em escala e tecnologia até o século XIX.[4]

Apesar do destaque dado às cidades romanas, no texto transcrito, sabe-se que mesmo nessas cidades raramente havia rede de esgoto e coleta de lixo. Um interessante trabalho elaborado pelo Instituto Unibanco sobre educação ambiental afirma:

> A antiga Roma foi provavelmente o primeiro núcleo europeu a apresentar o esplendor, o alto nível de consumo e as fortes contradições de uma metrópole. No final do século I da era cristã, a capital dos imperadores abrigava quase um milhão de pessoas.
>
> Onde os romanos jogavam o lixo que produziam? E o esgoto, para onde ia? Tudo isso era lançado nos rios e no mar, que serviam de "banheiro" para nossos antepassados. Naquele período, porém, as águas dos oceanos ainda conseguiam absorver e transformar o lixo e o esgoto. Mesmo porque a população do planeta não era muito grande: segundo estimativas, havia cerca de 133 milhões de pessoas no início da era cristã. E hoje, lembre-se, somos mais de seis bilhões![5]

Além de a população humana, na época, ser bem inferior à dos dias de hoje, é preciso considerar que o lixo da antiguidade era muito diferente do atual. É que, mesmo havendo a aglomeração urbana, os resíduos sólidos produzidos eram basicamente subprodutos de materiais existentes na natureza, logo, biodegradáveis.

---

4 http://pt.wikipedia.org/wiki/Hist%C3%B3ria_das_cidades
5 http://www.clienteg3w.com.br/celiarusso/site/encarteunibanco_vol2.pdf

Há um século aproximadamente, é que surgiram soluções consideradas racionais para os problemas gerados pelo acúmulo dos resíduos sólidos.

Somente com a Revolução Industrial, no final do Século XVIII, o lixo passou a ser uma preocupação para as pessoas, empresas e governos. Por um lado, por força do aumento cada vez mais rápido da população humana, por outro, graças ao desenvolvimento da tecnologia, fazendo surgir atividades industriais capazes de impulsionar significativamente o comércio, causando uma verdadeira explosão demográfica nas cidades, e gerando resíduos de novos materiais, resultantes desses processos industriais.

O crescimento populacional cada vez mais acelerado - principalmente urbano - e o desenvolvimento industrial e tecnológico, ocorridos nos séculos XIX e XX, e acentuados, após a Segunda Guerra Mundial (1939-1945), impuseram a criação de novas opções de consumo ao homem, gerando, assim, desequilíbrio em diversas escalas no meio ambiente como um todo.

Nesse aspecto, oportuna a lição de FIORILLO[6]:

> A Revolução Industrial foi o grande marco impulsionador do fenômeno da urbanização, sendo por muitos considerada a transformação social mais importante do século XX.
>
> No Brasil, o fenômeno da urbanização intensificou-se nos idos da década de 60. Na de 70, o crescimento da população urbana

---

[6]   FIORILLO, Celso Antônio Pacheco. Curso de direito ambiental brasileiro. Ed. Saraiva, São Paulo, 2009, 10ª edição, p. 255.

superou o da população total, enquanto nos idos de 80 cresceu mais de 40%, sendo que o amento total da população brasileira foi de 27%.

(...)

Esses fatos, associados aos problemas econômico-sociais dos grandes centros urbanos, agravam as condições de vida nestes com a contínua degradação do meio ambiente, trazendo implicações à saúde e deteriorização dos serviços e do próprio tratamento dos resíduos sólidos. Além disso, a má distribuição do parcelamento e ocupação do solo urbano constitui fator de depreciação da qualidade de vida.

Com tudo isso, o lixo está inserido no fenômeno da urbanização e atinge de forma considerável os valores ambientais. Estima-se a inexistência de locais adequados para a deposição do lixo gerado na cidade de São Paulo, o que acaba exigindo que se faça em áreas inadequadas ou extrapolando os limites técnicos que regulam a vida dos aterros.

Outrossim, lixo e consumo são fenômenos indissociáveis, porquanto, o aumento da sociedade de consumo, associado ao desordenado processo de urbanização, proporciona maior acesso aos produtos (os quais têm sua produção impulsionada por técnicas avançadas).

Dessa forma, o lixo urbano atinge de forma imediata os valores relacionados com saúde, habitação, lazer, segurança, direito ao trabalho e tantos outros componentes de uma vida saudável e com qualidade. Além de atingir o meio ambiente urbano, verificamos que o lixo é um fenômeno que agride também o próprio meio ambiente natural (agressão do solo, da água, do ar), bem como o cultural, desconfigurando valores estéticos do espaço urbano.

Apenas para se ter uma ideia a respeito do aumento populacional no planeta no século XX, JOHN GRAY alerta que, só na década de 1990, a população mundial cresceu em meio bilhão de habitantes, e faz o seguinte alerta:

> Em 1600 a população humana era de cerca de meio bilhão. Só na década de 1990, ela cresceu esse mesmo tanto. As pessoas que têm hoje mais de quarenta anos viveram um período em que a população do mundo dobrou. Para elas, é natural pensar que esses números serão mantidos. Natural, mas equivocado – a menos que os humanos sejam realmente diferentes de todos os outros animais.

A questão não é apenas do crescimento populacional; outro aspecto a ser considerado é o fato de esse aumento da população ocorrer principalmente nas cidades, onde cada vez mais as pessoas se aglomeram, conforme observa HÉLIO TESSMER:

> No decorrer do século XIX a Revolução Industrial atingiu grande parte do continente europeu e dos Estados Unidos. As fontes energéticas principais eram a lenha, o carvão mineral e posteriormente a eletricidade no final do século XIX. Em meados do século XX passa a ser usado em larga escala o mais versátil dos combustíveis fósseis, o petróleo.
>
> A concentração da população nos centros urbanos adquire um ritmo sem precedentes. Em 1800 a população do mundo era de 1 bilhão de habitantes e apenas 2,5 % vivendo no meio urbano. Em 1900

<blockquote>
apenas 11 cidades do globo excediam a população de 1 milhão de habitantes. Em 1950 este número passou para 75, em 1978 para 191 e em 1985 passaram a existir 273 cidades com mais de 1 milhão de habitantes, quase todas localizadas no terceiro mundo.[7]
</blockquote>

Paralelamente a esse crescimento populacional e seu acúmulo nas cidades, vieram o crescimento e a diversificação da produção industrial. A partir de então, começaram a surgir as primeiras preocupações com o tratamento dos resíduos, os quais passaram a ser produzidos em escala antes nunca vista e de muito mais difícil assimilação pelos ciclos naturais.

Também surgem como fatores geradores de resíduos as embalagens e os produtos descartáveis. À medida que as empresas foram se especializando, passaram a utilizar as embalagens como meio para divulgação de seus produtos, fazendo com que ela se tornasse parte do produto, porém não consumidas com ele, transformando-se rapidamente em sobras. O próprio aperfeiçoamento no acondicionamento e na conservação dos produtos passou a contribuir para aumentar o volume de material usado em embalagens, aumentando também a quantidade de caixas de papelão, latas de conservas e sacos plásticos existentes.

Quanto aos descartáveis, LÍGIA MAGALHÃES comenta:

<blockquote>
Atualmente, fraldas, copos, lenços, coador de café, até mesmo toalhas são lançados no lixo, logo após o seu uso. O mesmo acontece com canetas, lâminas e aparelhos de barbear.
</blockquote>

---

[7] TESSMER, Hélio. **Uma síntese histórica da evolução do consumo de energia pelo homem.** http://www.liberato.com.br/upload/arquivos/0131010716090416.pdf

Computadores e máquinas copiadoras, como Xerox ou fax, também contribuem com um imenso volume de papéis, rapidamente inutilizado.

Na era dos descartáveis, as embalagens de bebidas e alimentos, feita principalmente de alumínio, plástico ou papel, passaram a ser produzidos em larga escala, substituindo os recipientes que até pouco tempo eram totalmente reutilizáveis, como as garrafas de cerveja e de refrigerantes feitas de vidro. As modernas redes de lanchonete, ao servir um simples sanduíche acompanhado de bebida, oferecem caixinhas de papelão ou de isopor, guardanapos, talheres, copos e canudos que serão depositados numa lixeira minutos depois.

Esse tipo de lixo reflete basicamente o modo de vida moderno e agitado das grandes cidades. Em geral, quanto mais rica e industrializada for uma determinada região, maior será o consumo de descartáveis. Consequentemente, a quantidade de lixo produzido por seus habitantes será mais elevada, com plásticos, papéis e latas em abundância. [8]

A gestão de resíduos sólidos foi se tornando gradativamente um dos grandes desafios das sociedades contemporâneas. Nesse sentido, observou-se que, embora atualmente o tema seja tratado como uma questão ambiental, ele foi visto inicialmente como um problema de saúde pública. Essa mudança, na forma de ver os resíduos sólidos e seu tratamento, gerou diferenças de abordagens dos problemas por parte de cientistas, governos e da sociedade civil, conforme foi visto no decorrer da pesquisa.

[8]   MAGALHÃES, Lígia. Lixo e desperdício, perspectiva numa sociedade de consumo. http://www.avm.edu.br/monopdf/24/LIGIA%20MARIA%20MAGALHAES.pdf

O fato é que as pesquisas sobre o gerenciamento integrado de resíduos sólidos, que até bem pouco tempo eram raras, agora são cada vez mais comuns, levando em consideração fatores econômicos, sociais, políticos e ambientais. Dessas pesquisas, decorre o desenvolvimento de estratégias de gestão que vão desde a atividade econômica que produz os resíduos, até o seu reaproveitamento ou disposição, passando pelos processos de coleta e armazenamento, dentre outros.

É nesse contexto que ganham corpo as pesquisas vinculadas à necessidade de políticas públicas para equacionar as questões relacionadas aos resíduos sólidos.

2.2 RESÍDUOS SÓLIDOS: CONCEITO E CLASSIFICAÇÃO

2.2.1 Conceito

Antes de se passar a tratar das políticas públicas voltadas para os resíduos sólidos, convém compreender com clareza o que são "resíduos sólidos". Aliás, é oportuno observar os motivos pelos quais essa expressão vem sendo preferida ao termo "lixo", este tão largamente utilizado até tempos recentes.

Sendo a expressão, sob a análise gramatical, formada por um substantivo – "resíduo" – e um adjetivo – "sólido" – há de se ver que o seu núcleo, a sua essência, está no primeiro, pois sendo o substantivo que dá nome às coisas, a palavra "resíduo" é que contém maior significado nesse contexto interpretativo.

Nesse sentido, o Dicionário Aurélio dá uma definição bastante sucinta para o termo "resíduo": *"aquilo que resta de qualquer substância"*[9]. Observe-se que, aparentemente, não há uma ligação direta com a palavra "lixo", que o mesmo dicionário apresenta com o seguinte significado: *"Tudo o que não presta e se joga fora". "Sujidade, sujeira, imundície". "Coisa ou coisas inúteis, velhas, sem valor"*[10].

À medida em que se esclarece a diferença entre o que não foi aproveitado e o que se precisa jogar fora, a cada dia o termo lixo vai sendo substituído pela expressão "resíduos sólidos", crescendo a ideia de que "resíduo" é qualquer produto resultante de um processo de extração, transformação ou utilização, mas que não interessa ao seu proprietário, por não ter valor para ele. Logo, trata-se da sobra, daquilo que não se aproveita, ou, pelo menos, não se aproveita na construção do resultado final que se pretendia com determinado processo, todavia pode ser aproveitado em outro.

Constata-se tal afirmação, ao se espremer uma laranja para obter um suco, a casca, as sementes e todo o resto são resíduos; o mesmo ocorre ao se fazer uma omelete, a casca do ovo é um resíduo. Como se pode observar, tanto a casca da laranja quanto a do ovo podem ser utilizadas em outros processos, no entanto, para a preparação do suco e da omelete as cascas são sobras.

---

[9]   Verbete, p. 1743.
[10]   Verbete, p. 1222.

Essa noção de que o resíduo de um processo produtivo pode ser a matéria prima de outro, tornou-se importantíssima para a construção de uma nova forma de ver as coisas, que deixa de considerar como lixo muitos subprodutos dos processos produtivos. Como bem observa JACQUES DEMAJOROVIC:

> O termo "lixo" foi substituído por "resíduos sólidos", e estes, que antes eram entendidos como meros subprodutos do sistema produtivo, passaram a ser encarados como responsáveis por graves problemas de degradação ambiental. Além disso, **"resíduos sólidos" diferenciam-se do termo "lixo" porque, enquanto este último não possui qualquer tipo de valor, já que é aquilo que deve apenas ser descartado, aqueles possuem valor econômico agregado, por possibilitarem (e estimularem) reaproveitamento no próprio processo produtivo**. Estas novas características contribuíram para tornar prioritária, dentro do setor público nos países desenvolvidos, a política de gestão de resíduos sólidos, demandando um comportamento diferente dos setores públicos, produtivo e de consumo.[11] (Grifos acrescentados).

Explicitado esse significado da palavra "resíduo", restou observar que o adjetivo "sólido" especifica a consistência física desse resíduo.

Seguindo o mesmo caminho trilhado para a melhor explicitação do substantivo "resíduo", verificou-se que o Dicionário Aurélio apresenta vários

---

[11] **Da política tradicional de tratamento do lixo à política de gestão de resíduos sólidos: as novas prioridades**. In Revista de Administração de Empresas, v. 35, n. 3, EAESP/FGV, São Paulo: 1995, p. 88-93.

significados para o adjetivo "sólido", sendo que os que mais interessaram ao presente estudo são os seguintes:

> (...) 2. Que tem consistência, podendo ser mais ou menos espesso; encorpado. (...) 11. *Fís*. Substância caracterizada por um arranjo regular de suas partículas constitutivas, que formam uma rede espacial definida e característica.[12]

De fato, a expressão "resíduos sólidos" traz exatamente a ideia de sobra de um processo produtivo, mas uma sobra que tem uma consistência própria, que ocupa um lugar definido no espaço. É bem verdade que essa consistência varia muito, assim como a forma, pois é sabido que podem ser considerados resíduos sólidos desde objetos grandes a substâncias em pó, mas isso não afasta a ideia principal, de resíduo sólido como sobra de um processo produtivo dotada de consistência física.

De qualquer forma, observou-se que comumente os resíduos são adjetivados de sólidos para diferenciá-los dos resíduos líquidos e gasosos, ou ainda dos semissólidos, como previsto na legislação brasileira, sobre a qual se falará mais adiante. MILLER JR., por exemplo, define "resíduo sólido" como sendo "qualquer material indesejável ou descartado que não seja gasoso ou líquido"[13].

O certo é que há razões práticas para se dar especial atenção aos resíduos sólidos – em relação aos líquidos e gasosos – como observa o próprio MILLER JR.:

---

[12]   Verbete, p. 1870.
[13]   Ciência Ambiental, p. 446.

Por que devemos nos preocupar com a quantidade de resíduos sólidos que produzimos? *Primeiro*, porque a maior parte deles representa o desperdício de recursos preciosos na Terra. *Segundo*, porque a produção dos produtos sólidos que utilizamos e frequentemente descartamos causa poluição do ar (inclusive os gases do efeito estufa), da água e degradação da Terra.[14]

Outra característica dos resíduos sólidos que mereceu ser destacada é o seu baixo grau de dispersão, como profere JACQUES DEMAJOROVIC:

> **A relação entre resíduos e problemas ambientais é mais evidente no campo dos resíduos sólidos, uma vez que seu grau de dispersão é bem menor do que o dos líquidos e gasosos**. É fácil ter uma ideia da dimensão do problema apenas imaginando as quantidades de lixo produzidas em cada casa ou em cada unidade industrial e que, de alguma forma, devem ser dispostas.[15] (Grifos acrescentados).

A Lei 12.305/2010, que instituiu no Brasil a Política Nacional de Resíduos Sólidos (PNRS), introduziu também uma definição legal para *"resíduos sólidos"* (art. 3º, XVI) e outra para *"rejeitos"* (art. 3º, XV), com o que estabeleceu oficialmente a diferença entre uns e outros, nos seguintes termos:

> **Resíduos sólidos:** material, substância, objeto ou bem descartado resultante de atividades humanas em sociedade, a cuja destinação final se procede, se propõe proceder ou se está obrigado a proceder, nos estados sólido ou semissólido, bem como gases

---

[14] Ciência Ambiental, p. 446.

[15] **Da política tradicional de tratamento do lixo à política de gestão de resíduos sólidos: as novas prioridades**. In Revista de Administração de Empresas, v. 35, n. 3, EAESP/FGV, São Paulo: 1995, p. 88-93.

contidos em recipientes e líquidos cujas particularidades tornem inviável o seu lançamento na rede pública de esgotos ou em corpos d'água, ou exijam para isso soluções técnica ou economicamente inviáveis em face da melhor tecnologia disponível;

Rejeitos: resíduos sólidos que, depois de esgotadas todas as possibilidades de tratamento e recuperação por processos tecnológicos disponíveis e economicamente viáveis, não apresentem outra possibilidade que não a disposição final ambientalmente adequada;

2.2.2 Classificação

Considerando que o presente trabalho teve o seu objeto delimitado aos resíduos sólidos urbanos, importou-se, portanto, em relacioná-los às espécies de resíduos sólidos.

São várias as classificações desenvolvidas. Algumas apoiam-se em critérios mais técnicos, outras seguem mais o senso comum, tais como:

a) quanto às características físicas:

i) **secos** - papéis, plásticos, metais, couros tratados, tecidos, vidros, madeiras, guardanapos e toalhas de papel, pontas de cigarro, isopor, lâmpada, parafina, cerâmica, porcelana, espuma e cortiça;

ii) **molhados** - restos de comida, cascas e bagaços de frutas e verduras, ovos, legumes, alimentos estragados etc.

b) quanto à composição química:

i) **orgânicos** - compostos por pó de café e chá, cabelos, restos de alimentos, cascas e bagaços de frutas e verduras, ovos, legumes, alimentos estragados, ossos, aparas e podas de jardim, dentre outros;

ii) **inorgânicos** - compostos por produtos manufaturados, como plásticos, vidros, borrachas, tecidos, metais (alumínio, ferro etc.), isopor, lâmpadas, velas, parafina, cerâmicas, porcelanas, espumas, cortiças, etc.

Para o presente estudo, interessaram mais as classificações baseadas em critérios técnicos, como a desenvolvida pela Associação Brasileira de Normas Técnicas - ABNT - publicada em maio de 2004, por meio da NBR 10004 - Resíduos Sólidos. Essa norma estabelece uma classificação a partir do critério dos riscos potenciais ao meio ambiente e à saúde pública, para que esses riscos possam ser gerenciados adequadamente, foram agrupados da seguinte forma:

a)   **Resíduos Perigosos** - Classe I: são aqueles que, em função de suas propriedades físicas, químicas ou infectocontagiosas, podem apresentar riscos à saúde pública ou ao meio ambiente, ou ainda, que sejam inflamáveis, corrosivos, reativos, tóxicos ou patogênicos.

b)   **Resíduos Não Perigosos**

b.1) **Resíduos Classe II A - Não Inertes**: são aqueles que não se enquadram nas classificações de resíduos classes I - perigosos ou de resíduos classe II B - inertes. Os resíduos classe II A - Não inertes -

podem ter propriedades, tais como: biodegradabilidade, combustibilidade ou solubilidade em água;

b.2) **Resíduos Classe II B - Inertes**: Quaisquer resíduos que, quando amostrados de forma representativa e submetidos a ABNT 10007[16], não tiverem nenhum de seus constituintes solubilizados a concentrações superiores aos padrões de potabilidade da água, excetuando-se os padrões de aspecto, cor turbidez e sabor.

Trata-se a NBR 10004:2004 de uma ferramenta imprescindível na gestão de resíduos sólidos, sendo aplicada por instituições e órgãos fiscalizadores.

Já o Conselho Nacional do Meio Ambiente - CONAMA - adota outra classificação, através da Resolução 358, de 2005, assim resumida pelo professor FRANCISCO ALEXANDRE ROCHA PINTO, durante as aulas do Mestrado Profissional em Planejamento e Políticas Públicas da Universidade Estadual do Ceará:

> 1) **Grupo A** - Resíduos com a possível presença de agentes biológicos que, por suas características de maior virulência ou concentração, podem apresentar risco de infecção;
>
> 2) **Grupo B** - Resíduos contendo substâncias químicas que podem apresentar risco à saúde pública ou ao meio ambiente, dependendo de suas características de inflamabilidade, corrosividade, reatividade e toxicidade;

---

[16] A norma NBR 10007, da ABNT, trata de requisitos exigíveis para amostragem de resíduos sólidos.

3) **Grupo C** - Quaisquer materiais resultantes de atividades humanas que contenham radionuclídeos (materiais radioativos) em quantidades superiores aos limites de eliminação especificados nas normas da Comissão Nacional de Energia Nuclear - CNEN e para os quais a reutilização é imprópria ou não prevista;

4) **Grupo D** - Resíduos que não apresentam risco biológico, químico ou radiológico à saúde ou ao meio ambiente, podendo ser equiparados aos resíduos domiciliares;

5) **Grupo E** - Materiais perfurocortantes ou escarificantes, tais como: lâminas de barbear, agulhas, escalpes, ampolas de vidro, brocas limas endodônticas, pontas diamantadas, lâminas de bisturi, lancetas, tubos capilares, micropipetas, lâminas e lamínulas, espátulas e todos os utensílios de vidro quebrado no laboratório (pipetas, tubos de coleta sanguínea e placas de Petri) e outros similares (CONAMA, 2004).

Com a entrada em vigor da Lei 12.305, de 02.08.2010, a qual estabeleceu a Política Nacional de Resíduos Sólidos, passou a vigorar no Brasil uma classificação dos resíduos a ser observada por todos os agentes ligados ao processo de geração, coleta, tratamento e destinação dos resíduos. Essa classificação consta do art. 13 da referida Lei 12.305/2010, e está disposta em dois critérios: quanto à origem e quanto à periculosidade.

Quanto à origem, as espécies de resíduos sólidos, enumeradas pela Lei supracitada, em seu art. 13, são as seguintes:

a) **resíduos domiciliares**: os originários de atividades domésticas em residências urbanas. A lei não faz diferenciação quanto ao tipo de material descartado, sua composição química ou aparência física;

b) **resíduos de limpeza urbana**: esse tipo de resíduo é todo aquele oriundo dos serviços de limpeza urbana, como varrição e limpeza de vias e logradouros;

c) **resíduos sólidos urbanos**: trata-se da junção dos Resíduos Domiciliares e Resíduos de Limpeza Urbana. Os Resíduos Sólidos Urbanos estão sob a gestão e responsabilidade dos Municípios e do Distrito Federal;

d) **resíduos de estabelecimentos comerciais e prestadores de serviços**: o legislador classificou os Resíduos de Estabelecimentos Comerciais e Prestadores de Serviços pelo processo de exceção, e definiu que esses resíduos são aqueles advindos desse tipo de atividade, excluindo outros, em função de suas especificidades, foram incluídos em outras categorias visitadas adiante. Portanto, por princípio, os resíduos advindos de limpeza urbana, nos resíduos de saneamento básico, nos serviços de saúde, construção civil ou dos serviços de transporte em atividade comerciais ou de prestação de serviços são classificados como pertencentes a essa categoria - uma vez não sendo estes oriundos dos serviços de limpeza urbana, dos serviços saneamento básico, nos serviços de saúde, na construção civil ou nos serviços de transporte. O legislador previu ainda que esses resíduos, se caracterizados como não perigosos, poderão ser equiparados aos resíduos domiciliares, pelo Poder Público Municipal. Entretanto, os agentes geradores deverão obedecer às disposições relativas ao Plano de Gerenciamento de Resíduos Sólidos;

e) resíduos dos serviços públicos de saneamento básico: são os resíduos gerados das atividades de saneamento básico - aquelas definidas ao tratamento de esgoto. Por exceção expressa na lei, os resíduos com características de resíduos sólidos urbanos, mesmo que gerados nesses serviços, não estão nessa categoria;

f) resíduos industriais: o resíduo industrial é um dos maiores responsáveis pelas agressões ao meio ambiente, muitas vezes irreversíveis ou até fatais. As indústrias são responsáveis pela grande quantidade de resíduos - sobras de carvão kineral, restos da indústria metalúrgica, resíduo químico e gás, além de fumaças lançadas através de chaminés das fábricas. Pode-se exemplificar também, como resíduos industriais: produtos químicos (cianureto, pesticidas, solventes), metais (mercúrio, cádmio, chumbo) e solventes químicos; todos agentes que ameaçam os ciclos naturais, onde quer que sejam descartados de forma incorreta. A Política Nacional dos Resíduos Sólidos estabelece que os resíduos gerados nos processos produtivos e em instalações industriais são classificados como resíduos industriais, independentemente de suas características. A destinação, tratamento e disposição final dos resíduos devem seguir a Norma 10004 da ABNT - Associação Brasileira de Normas Técnicas.

g) resíduos de serviços de saúde: a legislação da PNRS confere aos órgãos do SISNAMA - Sistema Nacional do Meio Ambiente, e do SNVS - Sistema Nacional de Vigilância Sanitária, a competência para a definição dos termos que permitirão a sua classificação objetiva, uma vez que tanto a PNRS como seu Regulamento (Decreto 7404/2010) são omissos à definição.

h) **resíduos da construção civil**: a PNRS especificou detalhadamente quais os resíduos advindos da construção civil. São os provenientes das obras de engenharia civil, como construções propriamente ditas, reformas, demolições, reparos - pequenos ou significativos - assim como os resíduos resultantes da preparação e escavação de terrenos destinados às atividades listadas acima;

i) **resíduos agrossilvopastoris**: trata-se de uma categoria bem recente de resíduos, os agrossilvopastoris. Englobam uma grande parcela de resíduos gerados, a partir das áreas rurais, porém, restringem-se aos específicos de atividades agropecuárias e silviculturais, entendidas como aquelas que se ocupam das demais atividades relacionadas à implantação, bem como a regeneração de florestas, incluindo os insumos utilizados no âmbito dessas;

j) **resíduos de serviços de transportes**: há uma particularidade a ser destacada nos serviços de transporte, pois se trata de uma classe especial de resíduos de estabelecimentos comerciais e de prestação de serviços - uma vez que os terminais de transportes (Ex.: portos, aeroportos, terminais alfandegários, rodoviários, ferroviários e passagens de fronteira) - são foco de geração de resíduos de diversas natureza. Algumas, eventualmente, de origem desconhecida, por advirem dos mais diversos países. Os locais relacionados pela PNRS, como sendo geradores de resíduos de serviços de transporte, devem gerenciar tais resíduos - de maneira diferenciada - a fim de garantir a projeção de barreira sanitária do país e de suas regiões;

k) **resíduos de mineração**: em função de periculosidades da atividade em tela, os resíduos de mineração são considerados aqueles gerados nos processos de pesquisa, extração ou beneficiamento de minérios. ´

O segundo critério adotado pela Lei 12.305/2010, para a classificação dos resíduos sólidos, relaciona-se à sua periculosidade, e resulta em dois grupos de resíduos, quais sejam:

a) **resíduos perigosos**: são aqueles dotados de certas características que, se presentes, tornam determinado material um resíduo perigoso, exigindo para eles um tratamento diferenciado, tendo em vista um significativo risco à saúde pública ou à qualidade ambiental;

b) **resíduos não perigosos**: aqueles que não são dotados dessas características.

De acordo com a Lei 12.305/2010, ainda no art. 13, são características dos resíduos perigosos as seguintes:

a) **inflamabilidade** – características de substâncias as quais podem inflamar facilmente, e que continuam a arder ou a se consumir, mesmo após a retirada da fonte de inflamação;

b) **corrosividade** - característica de substâncias as quais podem destruir tecidos vivos, caso haja o contato;

c) **reatividade** - característica de substâncias instáveis, as quais reagem de forma súbita com água, e geram gases, vapores e fumos tóxicos, em quantidade suficiente para causar danos à saúde pública, seja no individual ou no coletivo - em uma escala mais abrangente, o meio ambiente, no sentido *lato* da palavra;

d) **toxidade** - característica de substâncias cuja inalação, ingestão ou penetração cutânea podem representar um risco grave, agudo ou crônico para a saúde, podendo causar até a morte;

e) **patogenicidade** - característica de substâncias, as quais contêm microorganismos, toxinas ou outros elementos, diante do que se sabe, que causam doenças nos seres humanos ou outros organismos vivos;

f) **carcinogenicidade** - característica de substâncias cuja inalação, ingestão ou penetração cutânea podem provocar, promover ou aumentar a incidência do câncer;

g) **teratogenicidade** - característica de substâncias cuja inalação, ingestão ou penetração cutânea podem induzir à má formação congênita, não hereditária em embrião ou feto, ou mesmo aumentar sua ocorrência;

h) **mutagenicidade** - característica de substâncias, cuja inalação, ingestão ou penetração cutânea podem induzir defeitos genéticos hereditários ou aumentar a sua ocorrência.

Essas características dos resíduos, estes tidos pela Lei 12.305/2010 como perigosos, seguem linha semelhante à da Diretiva 2008/98/CE, do Parlamento Europeu, substituída, em 2015, pelo REGULAMENTO (UE) nº

1357/2014, que, além dessas, inclui outras categorias de periculosidade de resíduos, tais como substâncias explosivas e infecciosas, dentre outras.

A propósito, não há dúvida que substâncias explosivas e infecciosas acarretam risco para os seres humanos e o meio ambiente, além de não ser raro encontrá-las entre resíduos urbanos. Por conseguinte, chama a atenção o fato de a lei brasileira não ter incluído essas substâncias no rol de classificação quanto à periculosidade dos resíduos.

2.2.3 Considerações sobre a classificação dos Resíduos Sólidos Urbanos na PNRS

Expostas as classificações da Política Nacional dos Resíduos Sólidos (PNRS), é oportuno destacar que o foco do presente trabalho são os resíduos sólidos urbanos, no âmbito das políticas públicas a eles direcionadas, no município de Fortaleza.

Assim, das várias espécies de resíduos sólidos reconhecidas pela Política Nacional de Resíduos Sólidos, ganha em importância, no presente enfoque, o conceito de resíduos sólidos urbanos. Em vista disso, observou-se que a ideia de resíduos sólidos urbanos ficou restrita aos resíduos domiciliares – os originários de atividades domésticas em residências urbanas – e os resíduos de limpeza urbana, originários da varrição, limpeza de logradouros e vias públicas e outros serviços de limpeza urbana.

Ficaram excluídos do grupo resíduos sólidos urbanos, portanto, alguns tipos de resíduos, os quais, embora sejam produzidos nos aglomerados urbanos, passam a ter tratamento específico, tais como: os resíduos industriais, os de serviços de saúde e dos resíduos da construção civil, os quais têm tratamento específico pela PNRS.

Essa distinção é fundamental para o estudo das diversas formas de atuação das políticas públicas, estas podem ter um escopo geral, alcançando várias espécies de resíduos, ou específicos, abrangendo uma única espécie, como é o caso nessa pesquisa acadêmica.

Outro ponto que chamou a atenção, e que será tratado mais adiante, é o fato de as duas classificações adotadas pela PNRS serem independentes uma da outra, isto é, determinado resíduo pode ser classificado como industrial, quanto à origem, e perigoso, quanto à periculosidade. Outro resíduo pode ser industrial e não-perigoso, e assim por diante.

A par disso, ao se referir aos Resíduos Sólidos Urbanos (RSU), a Lei 12.305/2010 e o decreto, que a regulamenta, deixam transparecer a ideia de que estes, os RSU, especialmente os resíduos domiciliares, sempre são não-perigosos.

Isso porque, no capítulo IV, do título III da Lei 12.305/2010, os artigos 37 a 41 estabelecem uma série de providências a serem adotadas pelas empresas que manipulam os resíduos perigosos, sem fazer qualquer referência àquelas que coletam e transportam resíduos sólidos domiciliares.

É fácil imaginar, a gama de substâncias perigosas que podem ser encontradas nos resíduos domiciliares e, por consequência, nos resíduos oriundos dos serviços de limpeza urbana. Pilhas, baterias, seringas usadas, medicamentos vencidos e lâmpadas são apenas alguns exemplos de resíduos facilmente encontrados nas lixeiras das residências e nos terrenos baldios da cidade.

Mais à frente, será analisado se essa concepção se configura como uma característica da Política Nacional de Resíduos Sólidos ou uma falha do sistema.

2.2.4 Destinação dos resíduos sólidos

Com base nos ensinamentos do renomado ambientalista LUÍS PAULO SIRVINSKAS, afirma-se que o destino dos resíduos sólidos é uma questão de saúde pública, e que compete à engenharia sanitária estabelecer critérios para a correta destinação desses resíduos.

À sábia afirmação, acrescenta-se que não se trata apenas de uma questão de saúde pública, mas também ambiental. Na medida em que, cada vez mais se reconhece que a destinação dos resíduos sólidos tem consequências não apenas sanitárias, mas também afeta o meio ambiente como um todo.

Ficou visto, em tópicos anteriores, que, na antiguidade, o cuidado com a destinação dos resíduos limitava-se à sua remoção do espaço urbano, sendo descartado em áreas externas à cidade, ou mesmo em rios ou mares. Ao longo do tempo é que foram sendo desenvolvidos novos métodos para o descarte dos resíduos.

As formas de destinação dos resíduos sólidos mais usuais, no Brasil, são: depósito a céu aberto; depósito em aterro sanitário; usina de compostagem; usina de reciclagem; usina de incineração; usina verde.

a) **depósito a céu aberto** – é a disposição dos resíduos sólidos em locais inadequados, causando danos ao ar atmosférico, ao solo e subsolo, ao lençol freático, aos rios e mananciais, à flora, à fauna e, consequentemente, à saúde humana.

b) **depósito em aterro sanitário** – é a forma de disposição dos resíduos sólidos em local previamente estabelecido, a partir de estudos técnicos de impacto ambiental (EIA/RIMA), para constatar a viabilidade da implantação do aterro. Além disso, são adotadas medidas de engenharia, destinadas a prevenir danos à saúde pública e ao meio-ambiente. Para tanto, adotam-se mecanismos como: (a) impermeabilização da área escolhida, a fim de proteger o solo e o subsolo; (b) cobertura do lixo com camada de terra, no final, impedindo a proliferação dos macrovetores (roedores, insetos, urubus etc.); (c) estudo da direção do vento, para evitar odores à vizinhança; dentre outros. A queima do gás metano deve ser feita por meio de equipamentos próprios, o chorume (líquido proveniente da decomposição dos resíduos sólidos) deverá ser armazenado em compartimentos apropriados para o correto tratamento em estação de esgoto.

c) **usinas de compostagem** – compostagem é o processo por meio do qual os resíduos sólidos domésticos são transformados em um composto, uma espécie de adubo, mais apropriado para o setor agrícola. Vale ressaltar que os elementos resultantes da compostagem podem não eliminar os agentes patogênicos ou os parasitas, podendo contaminar os alimentos adubados por esse composto.

d) **usina de reciclagem** – é muito importante a reciclagem, porque permite a recuperação de energia, água e matéria prima; diminui a poluição e melhora a limpeza urbana, além de propiciar novos empregos (catadores de resíduos sólidos). Ela é um método de reaproveitamento de determinados materiais, tais como: vidro, papel, papelão, jornais, alumínio, plástico e metal. A reciclagem de resíduos somente se torna possível na medida em que seja realizada a coleta seletiva de resíduos sólidos. Essa coleta busca a separação dos resíduos sólidos orgânicos e dos materiais inorgânicos. Além disso, a coleta seletiva reduz o volume do lixo depositado nos aterros sanitários e nos lixões a céu aberto.

Considerou-se relevante, apenas por conhecimento, frisar o tempo de decomposição de determinados produtos.

Papel: 2 a 4 semanas

Couro: 30 a 40 anos

Tecido: 100 a 400 anos

Goma de mascar: 5 anos

Lata de conserva: 100 anos

Lata de alumínio: 500 anos

Plástico: 450 anos

Vidro: 4.000 a 1.000.000 de anos

Pneus: tempo indeterminado.

A reciclagem somente se desenvolverá, ao ponto de conscientizar a população de sua necessidade, através da Educação Ambiental.

e) **usina de incineração** – a incineração transforma os resíduos sólidos em matéria inerte, por meio da sua queima, reduzindo, sobremaneira, o espaço antes ocupado. Por ser um método muito eficaz da redução dos resíduos sólidos, seu custo é muito alto, além disso gera poluição do ar atmosférico. A usina de incineração é a mais adequada para a queima de resíduos hospitalares.

f) **usina verde** – Ainda se encontra em fase experimental, sendo uma das mais novas tecnologias disponíveis para o tratamento dos resíduos sólidos, transformando-os em energia.

O Plano Nacional de Resíduos Sólidos (Lei 12.305/2010) acolhe as definições expostas e define como ambientalmente adequada a destinação de resíduos que inclui *"a reutilização, a reciclagem, a compostagem, a recuperação e o aproveitamento energético ou outras destinações admitidas pelos órgãos competentes do Sisnama, do SNVS e do Suasa, entre elas a disposição final, observando normas operacionais específicas de modo a evitar danos ou riscos à saúde pública e à segurança e a minimizar os impactos ambientais adversos"* (art. 3º, VII).

3 OS FUNDAMENTOS JURÍDICOS DAS POLÍTICAS PÚBLICAS RELATIVAS AOS RESÍDUOS SÓLIDOS

3.1 O ESTADO SOCIAL E AS POLÍTICAS PÚBLICAS

Entre o final do século XX e início do século XXI, a expressão "Políticas Públicas" passou a ser utilizada com frequência por políticos, cientistas sociais, líderes de classes e muitos outros agentes da sociedade brasileira. Tornou-se cada vez mais comum esses agentes afirmarem a necessidade da adoção de Políticas Públicas para a solução deste ou daquele problema social.

É óbvio que, nessas ocasiões, muitas vezes a expressão é utilizada de forma equivocada ou não técnica. Entretanto, é possível extrair de discursos políticos e governamentais que a ideia que se procura transmitir por meio da conjugação dessas duas palavras – "políticas" e "públicas" – é exatamente a da união de esforços em direção à solução de determinado problema. Destaca-se inclusive que tal problema tem repercussão social e não pode ser resolvido por apenas uma ou algumas medidas isoladas, mas por um conjunto de ações coordenadas, geralmente interdisciplinares, capazes de atacar o problema, a partir das suas várias faces.

É o que se deduz da leitura de pronunciamentos e notícias, tais como a seguinte, colhida do jornal *Diário de Pernambuco*, edição de 22.06.2010:

> O presidente Luiz Inácio Lula da Silva defendeu nesta quarta-feira (23) **políticas públicas para incentivar o acesso da população pobre ao cinema**. Em Luziânia (GO). Lula participou do lançamento

do programa "Cinema Perto de Você". **O presidente assinou uma medida provisória que desonera tributos federais sobre investimentos em salas de cinema. Também foi anunciada uma linha de crédito de R$ 500 milhões do Banco Nacional de Desenvolvimento Econômico e Social (BNDES) para a mesma finalidade**. (Grifou-se)[17]

No mesmo sentido:

> **Com a Constituição Federal de 1988, a Assistência Social adquiriu estatuto de direito do cidadão e dever do Estado a ser efetivado mediante políticas públicas**. Esse papel foi reforçado mais tarde, em 2005, com a criação do Sistema Único de Assistência Social (SUAS), que regulamentava a política. Para debater os rumos da implementação de direitos na Assistência, profissionais da área jurídica e assistentes sociais de todo o País estão reunidos hoje e amanhã (23 e 24 de junho), em Brasília, no Seminário "Direito e Assistência Social". **O encontro é uma promoção do Ministério do Desenvolvimento Social e Combate à Fome (MDS) em parceria com o Fundo das Nações Unidas para a Infância (UNICEF), Organização das Nações Unidas para a Educação, a Ciência e a Cultura (UNESCO) e a Ordem dos Advogados do Brasil (OAB)**. (Grifou-se).[18]

Observou-se, em ambos os exemplos transcritos – e o mesmo poderia ser feito com inúmeras notícias da espécie – governantes ou entidades governamentais defendendo a adoção de medidas distintas, porém

[17] <http://g1.globo.com/politica/noticia/2010/06/e-o-cinema-que-tem-que-ir-ate-pessoas-diz-lula-em-goias.html>, acesso 23.06.2010, às 23:00.

[18] <http://www.olhardireto.com.br/noticias/exibir.asp?edt=22&id=111056>, acesso 23.06.2010, às 23:00.

coordenadas, para atacar um mesmo problema e, bem assim, a união de esforços de entidades públicas e privadas em torno de um mesmo objetivo.

É bem verdade que há quem veja as políticas públicas como atuações estatais, com a finalidade de oferecer aos cidadãos serviços que caberia ao Estado fornecer, ou ainda, uma ação estatal com o objetivo de concretizar direitos fundamentais, como se constata da obra de NAGIBE DE MELO JORGE NETO, ao relacionar definições que se podem dar às políticas públicas:

> Poderíamos ainda falar em políticas públicas querendo significar os programas de governo ou planejamentos de ação dos órgãos públicos nas mais diversas áreas. Essa segunda acepção difere da primeira. Uma coisa é a própria ação, o próprio fazer, o próprio atuar; outra, que lhe antecede, é o programa formal da ação ou o planejamento da atuação estatal. **Quando falamos políticas públicas, ora estamos a significar a ação estatal com vista ao atingimento de um fim estatal**, mais especificamente a concretização dos direitos fundamentais; **ora estamos a significar o planejamento, o programa, as balizas dessa atuação; ora estamos a significar todo o conjunto de ações, incluídas as ações de planejamento e as ações executivas do atuar estatal.**[19]

Em que pesem as esclarecedoras reflexões do autor, limitar a definição de políticas públicas a ações ou atuações estatais talvez seja limitar a noção que se deve ter a esse respeito, uma vez que, atualmente, há uma significativa participação da sociedade civil, notadamente por meio das

---

[19]   O controle jurisdicional das políticas públicas. Editora Podivm. Salvador: 2008, p. 53.

entidades do chamado terceiro setor. Estas, além de complementar a ação estatal, têm atuação e objetivos próprios, como se vê em inúmeras ONG's dedicadas a causas ambientais, sociais, de recuperação de dependentes químicos e tantas outras.

Por outro lado, há de se reconhecer que, apesar dessa crescente participação popular, a expressão "políticas públicas" traz em si uma forte carga ideológica no sentido de eleger o Estado, como o ente responsável por liderar ou promover essa conjugação de esforços coordenados em torno de um objetivo, por mais que convoque as chamadas entidades da sociedade civil para participar do processo.

Isso não ocorre por acaso. É sabido que a partir dos últimos anos do século XIX, e por todo o século XX, o Estado passou por importantes transformações, deixando o modelo do chamado 'Estado liberal' para o modelo denominado de 'Estado social', quando o Estado assumiria grandes encargos, ao prover à sociedade serviços considerados essenciais à sua existência.

A história mostra que o modelo de 'Estado liberal' nasceu de uma reação da classe burguesa, detentora de poder social e econômico contra a interferência do poder do rei em suas atividades. Em consequência disso, desenvolveu-se fundamentado no controle jurídico do Estado, levando-o a se abster de interferir em campos como o da autonomia da vontade, da livre iniciativa e da livre disposição contratual.

No final do século XVIII e por quase todo o século XIX, o próprio Estado reduziu o espectro de sua atuação, restringindo-se às funções de manutenção da ordem interna e do exercício da política externa, tudo o mais cabendo à iniciativa privada, controlada unicamente pela "mão invisível" do mercado[20].

No início do século XX, ocorreu uma grande pressão popular contra as injustiças sociais geradas por essa posição passiva do Estado, forçando este a assumir uma postura mais ativa em relação à sociedade. Isso levou à evolução do modelo de Estado liberal para Estado social, passando este a intervir na economia de diversas formas, conforme observa Clèmerson Merlin Clève:

> A intervenção do Estado na economia ocorrerá de vários modos. Tratará ele de regular o mercado, diminuindo consideravelmente a extensão da autonomia da vontade nos negócios privados. Tratará, mais, de reprimir certas práticas comerciais que contrariam o

---

[20] A expressão "mão invisível" é encontrada nos estudos de Adam Smith. Comentadora, esclarece Michel Beaud: "Em sua **Théorie des sentiments moraux** (1759), A. Smith se empenha em justificar a ordem social fundamentada na procura dos interesses individuais: ele salienta a profunda noção de simpatia; justifica o gozo da grandeza e das riquezas de que alguns se beneficiam: *A ilusão que ele nos dá excita a industriosa atividade dos homens, e mantém-nos em movimento contínuo. É essa ilusão que os faz cultivar a terra de tantas maneiras diferentes, construir casas ao invés de cabanas, fundar cidades imensas, inventar e aperfeiçoar as ciências e as artes....* Ele expõe a tese – novo avatar de Deus, fiador da harmonia universal – da 'mão invisível': *Uma mão invisível parece forçá-los a concorrer para a mesma distribuição das coisas necessárias à vida que teria ocorrido se a terra tivesse sido dada em igual porção a cada um de seus habitantes; e assim, sem ter a intenção, sem mesmo sabê-lo, o rico serve ao interesse social e à multiplicação da espécie humana. A Providência, ao repartir, por assim dizer, a terra entre um pequeno número de homens ricos, não abandonou aqueles a quem ela parece ter esquecido de atribuir um quinhão, e eles têm sua parte em tudo o que ela produz...".* (**História do capitalismo**. Tradução por Maria Ermantina Galvão Gomes Pereira. São Paulo: Brasiliense, 1999, p. 111-112. Tradução de Histoire du capitalisme).

princípio da livre concorrência. Ademais, encarregar-se-á de participar do processo econômico, quer seja através de empresas estatais, quer seja, ainda, oferecendo a infra-estrutura necessária para a implantação e o desenvolvimento das indústrias e negócios e, finalmente, por intermédio da implementação de políticas de induzimento à manifestação de empreendimentos econômicos. Emerge o Estado empresário, o Estado regulador, o Estado fomentador, etc.[21]

Foi na esteira dessas transformações que surgiram garantias de direitos mínimos aos trabalhadores, institutos de caráter previdenciário e a prestação de serviços de assistência social, levando a atividade estatal a alcançar áreas antes evitadas. O Estado passava a interferir diretamente na economia, inclusive criando empresas para explorar determinadas atividades consideradas importantes para o desenvolvimento do país, como as siderúrgicas e as empresas de telefonia.

DJANE LEITE resume assim as transformações sofridas pelo Estado no período sob exame:

> De acordo com Barroso (2002), o Estado apresentou, ao longo do século XX, três fases diversas e razoavelmente bem definidas: (1) a pré-modernidade ou Estado liberal, na qual o Estado exibe funções reduzidas, confinadas à segurança, justiça e serviços essenciais; é o Estado da virada do século XIX para o século XX; a próxima fase, referida como (2) modernidade ou Estado social (*welfare state*), iniciada na segunda década do século XX, na qual o Estado assume diretamente alguns papéis econômicos, tanto como condutor do

---

[21]   Ob. cit., p. 35.

desenvolvimento, como outros de cunho distributivista, destinados a atenuar certas distorções do mercado e amparar os contingentes que ficavam à margem do progresso econômico; a quadra final do século XX corresponde a terceira e última fase, (3) a pós-modernidade, que encontra o Estado sob crítica cerrada, densamente identificado com a idéia de ineficiência, desperdício de recursos, morosidade, burocracia e corrupção; o discurso desse novo momento é o da desregulamentação e da privatização.[22]

Ao valer-se novamente dos estudos de NAGIBE DE MELO JORGE NETO, acerca das políticas públicas e de seu controle jurisdicional, foi destacado o seguinte trecho de sua obra:

> Se o Estado Liberal nos legou a marca quiçá indelével do individualismo, as guerras mundiais e, mais recentemente, o aquecimento global, a destruição dos ecossistemas biológicos, todos ameaças concretas à integridade da espécie humana, jogaram o homem inapelavelmente para a esfera da solidariedade. A solidariedade e a fraternidade impõem-se ao homem, se não por suas razões mais elevadas, como condição necessária para garantia de sua própria sobrevivência. São a essas questões que o Estado Social tem procurado dar respostas. Sendo bem-sucedido ou mal-sucedido, o Estado não pode mais dar as costas à solidariedade.[23]

De fato, na sociedade globalizada do século XXI, a interdependência entre os povos é marcante, a ponto de abalos na economia de um país causar efeitos imediatos em muitos outros, como se pôde perceber na crise de 2008-

---

[22] LEITE, Djane. **Política Pública Municipal de Resíduos Sólidos: diagnóstico do contrato de concessão de serviços públicos de limpeza urbana em Fortaleza.**

[23] O controle jurisdicional das políticas públicas. Editora Podivm. Salvador: 2008, p. 52.

2009, quando se fez necessária a intervenção estatal na economia dos Estados Unidos e de vários países do mundo inteiro, notadamente na Europa.

3.2 AS POLÍTICAS PÚBLICAS NA CONSTITUIÇÃO BRASILEIRA DE 1988

As transformações sofridas pelo Estado, comentadas no item anterior, tiveram ampla repercussão no Brasil. A partir dos anos 1930, surgiram normas destinadas à proteção dos trabalhadores, o sistema de previdência social, a assistência social e tantas outras iniciativas que até hoje existem.

A título de exemplo, pode-se destacar a Constituição de 1934, que além de prever várias garantias para a parte hipossuficiente nas relações de trabalho, tais como salário mínimo, repouso semanal e assistência médica e sanitária ao trabalhador, ainda previa a ação estatal em favor de objetivos sociais, como a assistência social, o amparo à infância e à maternidade (art. 138).

Para não ficar em um único exemplo, vê-se o que dizia o art. 164 da Constituição de 1946:

> Art 164 - É obrigatória, em todo o território nacional, a assistência à maternidade, à infância e à adolescência. A lei instituirá o amparo de famílias de prole numerosa.

Não há dúvida que esse tipo de dispositivo constitucional decorria de um pensamento majoritário, no sentido de que o Estado tinha como um de seus papéis intervir nas relações sociais e econômicas, de modo a dar a essas relações o equilíbrio que a "mão invisível" do mercado não tinha sido capaz de trazer.

E tem sido assim, desde então, sendo uma ilusão crer que o sucesso do capitalismo em todo o século XX decorreu da adoção indiscriminada da livre iniciativa e da propriedade privada. A verdade é que, por todo esse século, o Estado sempre agiu sobre a economia, afirmação que vale para o Estado brasileiro.

Mas, só a partir da Constituição Federal de 1988 é que foi sistematizada, de forma mais completa, a intervenção do Estado nas relações econômicas e sociais. Tratando-se de uma Constituição *analítica*[24], que traz em seu bojo uma quantidade considerável de dispositivos, os quais delineiam diversos subsistemas a respeito da organização do Estado, do serviço público, do sistema tributário, dentre tantos outros temas.

É fácil constatar essa afirmação, a partir do exame do capítulo dedicado à Ordem Econômica no qual se destacam dispositivos como os a seguir transcritos:

> Art. 174. Como agente normativo e regulador da atividade econômica, o Estado exercerá, na forma da lei, as funções de fiscalização, incentivo e planejamento, sendo este determinante para o setor público e indicativo para o setor privado.

---

[24] O conceito de "constituição analítica" é jurídico e se opõe ao de "constituição sintética". Segundo PEDRO LENZA (Direito Constitucional Esquematizado, p. 39), "sintéticas seriam aquelas enxutas, veiculadoras apenas dos princípios fundamentais e estruturais do Estado", enquanto analíticas seriam "aquelas que abordam todos os assuntos que os representantes do povo entenderem fundamentais".

> Art. 182. A política de desenvolvimento urbano, executada pelo Poder Público municipal, conforme diretrizes gerais fixadas em lei, tem por objetivo ordenar o pleno desenvolvimento das funções sociais da cidade e garantir o bem-estar de seus habitantes.

A partir de observações como essas, é que se vê a importância da Constituição de 1988, como fundamento jurídico para a implementação de políticas públicas no tratamento das várias questões de interesse da sociedade brasileira, estabelecendo-se, assim, dois pressupostos que irão nortear todo o entendimento do assunto: o primeiro, de que as Políticas Públicas são resultados da conjugação de esforços em torno de determinado fim, e o segundo, de que o modelo ideológico vigente elege o Estado como entidade capaz de liderar esses esforços, executando assim as Políticas Públicas.

Afinal, continua plenamente válida a afirmação de que as normas jurídicas, por um lado, são o principal meio, pelo qual o Estado expressa a sua vontade e, por outro, são também instrumentos de conformação do próprio, fixando-lhes diretrizes, limites e finalidades.

3.3 PERFIL CONSTITUCIONAL DA GESTÃO DE RESÍDUOS SÓLIDOS NO BRASIL

Demonstrada a grande importância da Constituição Brasileira de 1988, quanto à formação da base jurídica para a definição das políticas públicas nas mais variadas demandas da sociedade brasileira, fica assim aplainado o caminho para se examinar como a Carta Magna Brasileira fixa as diretrizes a serem seguidas na condução dessas políticas no âmbito da gestão dos resíduos sólidos.

Nesse sentido, pode-se perceber que o legislador constituinte elegeu dois valores, a partir dos quais se podem extrair os princípios que irão reger toda a ação estatal em relação à matéria ora estudada. Esses valores são:

a) a saúde pública;

b) o meio ambiente.

Tratam-se de dois pontos de vista distintos, embora interligados, e a partir dos quais se pode observar o mesmo objeto, qual seja a geração de resíduos sólidos e suas consequências.

Nesse ponto, destacou-se a preferência deliberada, ao se referir à observação do mesmo objeto, e não à abordagem do mesmo "problema", em razão de assumir aprioristicamente a posição de que os resíduos sólidos não são necessariamente um problema, mas resultado das atividades desenvolvidas pela humanidade, merecendo, como tal, cuidados em todas as suas fases, desde a geração à sua destinação. Os problemas surgem quando não se tomam os cuidados necessários com os resíduos e eles se transformam em uma massa de substâncias indesejáveis e danosas à saúde e ao meio ambiente.

Nessa linha de raciocínio, é nítido que historicamente essas consequências danosas, decorrentes da geração e da destinação desordenada de resíduos sólidos, fizeram-se sentir inicialmente na saúde dos próprios seres humanos, por meio da proliferação de pragas, de doenças, até mesmo de epidemias. Apenas em tempos mais recentes é que passaram a ter mais atenção aos danos causados ao meio ambiente.

Não é, portanto, de se estranhar que apenas na parte em que se refere à saúde, a Constituição Federal seja explícita quanto à questão dos resíduos sólidos. Enquanto isso, quanto ao aspecto ambiental traz apenas disposições genéricas. Isso se justifica devido à evolução do processo de conscientização ambiental que vem ocorrendo no mundo – e, a priori no Brasil – sendo intuitivo perceber que, à época da Assembleia Constituinte de 1988, essa conscientização era bem diferente da atual.

Ressalta-se que na construção da Constituição Brasileira de 1988, a questão dos resíduos sólidos ou o problema do lixo – comumente encarado – era um assunto de interesse sanitário. Se fazia necessário dar uma destinação adequada ao lixo, a fim de evitar a proliferação de doenças e até epidemias. A preocupação com os danos da má gestão dos resíduos ao meio ambiente tomaria forma depois.

O ramo do Direito que passa a tratar de questões ambientais é o Direito Ambiental. Como viés jurídico ambiental, essa ciência desenvolveu-se rapidamente, nas quatro últimas décadas, repleta de legislações de âmbito da União, dos Estados, do Distrito Federal e dos Municípios, bastante doutrina e, cada vez mais, jurisprudência – que são as decisões reiteradas sobre um mesmo assunto, advindas dos tribunais pátrios. Essa Ciência, em franco desenvolvimento, como pesquisa e doutrina é completamente estruturada no arcabouço constitucional.

Ao analisar a Constituição Federal de 1988, pôde-se perceber que o meio-ambiente passou a ser uma prioridade, e muitas das Políticas Públicas, entre as Nacionais, Estaduais, Municipais e do Distrito Federal, visam à sustentabilidade do desenvolvimento, incorporando as condicionantes ambientais.

3.3.1 Saúde Pública e resíduos sólidos na Constituição Brasileira

No tratamento da questão dos resíduos sólidos como um interesse de saúde pública, vê-se que os artigos 21, 23 e 200 da Constituição Federal de 1988 trazem os seguintes dispositivos:

> Art. 21. Compete à União:
>
> XX - **instituir diretrizes para o** desenvolvimento urbano, inclusive habitação, **saneamento básico** e transportes urbanos.
>
> Art. 23. É competência comum da União, dos Estados, do Distrito Federal e dos Municípios:
>
> IX - **promover programas** de construção de moradias e a melhoria das condições habitacionais e **de saneamento básico.**
>
> Art. 200. **Ao sistema único de saúde compete**, além de outras atribuições, nos termos da lei:

IV - participar da formulação da política e da **execução das ações de saneamento básico.**

Vê-se também que, conforme anunciado, o Legislador Constituinte de 1988 adotou o saneamento básico como um dos instrumentos de promoção da saúde pública, seguindo, assim, a linha da Organização Mundial de Saúde (OMS), que define o saneamento como o controle de todos os fatores do meio físico do homem, os quais exercem ou podem exercer efeitos nocivos sobre o bem-estar físico, mental e social. Nesse ínterim, estão incluídos a poluição, as epidemias, os riscos de contaminação na produção de alimentos, e tantas outras ameaças à saúde das pessoas.

Como já visto, era esse o único prisma sob o qual se olhava para os resíduos sólidos: uma massa de restos imprestáveis, cujo acúmulo próximo às habitações das pessoas ameaçava a saúde. Tratava-se, portanto, de material que precisava receber uma destinação capaz de reduzir esses riscos.

Isso, a propósito, não acontecia apenas no Brasil, tanto que, como observa JACQUES DEMAJOROVIC, em artigo publicado em 1995, mesmo entre os países desenvolvidos a política de gestão de resíduos sólidos, a partir dos anos 1960, permitia identificar três fases distintas de prioridades, sendo a primeira fase, que prevaleceu até os anos 1970, caracterizada pela prioridade em garantir apenas a disposição de resíduos. Observou-se que primeiro vieram os lixões e depois os aterros sanitários:

> Durante a década de 60 e início da de 70, na maioria dos países da OCDE foram erradicados os últimos lixões a céu aberto. A maior parte dos resíduos era encaminhada para aterros sanitários e

incineradores. A partir da década de 70, o movimento ambientalista passou a concentrar, cada vez mais, suas críticas sobre as formas tradicionais de destinação dos resíduos sólidos. Os aterros sanitários, que constituem até hoje, em todo o mundo, o meio mais utilizado para a disposição de resíduos com algum tratamento, apresentavam problemas.[25]

De volta às normas constitucionais acima transcritas, cabe esclarecer que o tratamento dos resíduos sólidos, no que diz respeito aos seus efeitos sobre a saúde pública, está contido no âmbito do saneamento básico, que, desde seus primórdios, sempre incluiu atividades como o abastecimento de água, o esgotamento sanitário, o manejo de águas pluviais urbanas e de resíduos sólidos.

3.3.2 Meio Ambiente e resíduos sólidos na Constituição Brasileira

Não causa qualquer surpresa o fato de um conjunto normativo recente como a Constituição Brasileira de 1988, tratar da questão dos resíduos sólidos mais claramente sob o ponto de vista da saúde pública do que do ambiental. Isto ocorre porque a preocupação com o meio ambiente, como um bem de si mesmo, somente ganhou maior destaque muito recentemente.

---

[25] **Da política tradicional de tratamento do lixo à política de gestão de resíduos sólidos: as novas prioridades**. In Revista de Administração de Empresas, v. 35, n. 3, EAESP/FGV, São Paulo: 1995, p. 88-93.

Ao buscar na literatura estrangeira a explicação para esse fato, asseveram ANDRÉ e CERDÁ as seguintes anotações, aqui expostas em tradução livre:

> Em Hafkamp (2002) se distingue entre «velho regime» y «novo regime», na gestão dos RSU, entendendo regime como um «acordo coletivo, expresso ou tácito, que permite aos agentes a coordenação de suas atividades» (Boyer y Orléan, 1994). O *velho regime* se pode identificar com o período que alcança desde meados do século XIX até princípios dos anos 1970. O valor fundamental em que se apóia é a saúde pública: os RSU têm que ser retirados como medida para prevenir a difusão de doenças contagiosas, ao mesmo tempo em que se evitam os odores e as moléstias que os resíduos ocasionam. Se aceita p princípio de que todo ser humano tem direito de gerar e eliminar todos os resíduos que deseje ou que precise.
>
> (...)
>
> O chamado *novo regime* vai aparecendo nos anos 1970 e supõe mudanças importantes sobre a situação anterior. Não é um sistema fechado, mas apenas, como se assinala em Hafkamp (2002), se trata de «pautas importantes de orientação», ou linhas gerais que se estão implantando atualmente, mas que ainda estão em processo de maturação. Seus princípios e fundamentos procedem principalmente de ambientalistas e de ativistas dos movimentos sobre meio ambiente e energia. O valor fundamental em que se apoia é a gestão responsável dos recursos naturais e ambientais. Não se abandona a saúde pública (valor fundamental do «velho regime»), ela apenas é considerada incluída neste novo valor, tal como a prevenção de doenças.[26]

Com efeito, somente em 1972, por ocasião da primeira Conferência Mundial sobre Ambiente Humano, em Estocolmo, estabeleceram-se as diretrizes e princípios para a preservação e conservação da natureza e as bases consensuais do desenvolvimento sustentável, que buscam harmonizar o desenvolvimento econômico com a proteção ambiental.

Em 1982, ocorreu a reunião da Comissão Mundial sobre o Meio Ambiente e Desenvolvimento, responsável pela elaboração do Relatório Brundtland, o qual consolidou a crítica ao modelo de desenvolvimento adotado

---

[26]   No original: "En Hafkamp (2002) se distingue entre «viejo régimen» y «nuevo régimen», en la gestión de los RSU, entendiendo régimen como un «acuerdo colectivo, expreso o tácito, que permite a los agentes la coordinación de sus actividades» (Boyer y Orléan, 1994). El *viejo régimen* se puede identificar con el periodo que abarca desde mediados del siglo XIX hasta principios de los años 1970. El valor fundamental en que se apoya es la salud pública: los RSU tienen que ser retirados como medida para prevenir la difusión de enfermedades contagiosas, a la vez que se evitan los olores y las molestias que ocasionan los residuos. Se acepta el principio de que todo ser humano tiene derecho a generar y eliminar todos los residuos que desee o que precise.(...)El llamado *nuevo régimen* va emergiendo en los años 1970 y supone câmbios importantes sobre la situación previa. No es un sistema cerrado, sino que, como se señala en Hafkamp (2002), se trata de unas «pautas importantes de orientación», o unas líneas generales que se están implantando en la actualidad pero que todavia están en proceso de maduración. Sus principios y fundamentos proceden principalmente de ambientalistas y de activistas en los movimientos sobre medio ambiente y energía. El valor fundamental en que se apoya es la gestión responsable de los recursos naturales y ambientales. No se renuncia a la salud pública (valor fundamental en el «viejo régimen»), sino que se la considera incluída en este nuevo valor, al igual que la prevención de molestias". (Gestión de Residuos Sólidos Urbanos: análisis econômico y políticas públicas, p. 82/83).

pelos países industrializados, expondo claramente a incompatibilidade entre os padrões de produção e de consumo, o uso dos recursos naturais e o seu efeito sobre os ecossistemas. O que se torna ainda mais grave quando se observa que tal modelo é seguido pelas nações em desenvolvimento.

O tema, entretanto, há épocas, pouco sensibilizava os governos e a própria sociedade civil organizada. Na verdade, as discussões sobre o tema ainda eram muito restritas a grupos de conhecimento mais especializado sobre o assunto.

Somente a partir de 1992, as preocupações com o meio ambiente ganharam mais projeção, em razão da Conferência das Nações Unidas do Meio Ambiente e Desenvolvimento – Rio 92. O evento teve repercussão mundial e especial atenção da sociedade e do governo brasileiro, em razão de ter sido realizado no Brasil. Esse é, portanto, um importante marco no que diz respeito aos compromissos assumidos pelos governos na conscientização dos efeitos da ação humana sobre o meio ambiente.

Assim é que a Assembleia Constituinte Brasileira, ocorrida em 1988, que viria a resultar na Constituição Federal vigente, em que pesou ter se debruçado sobre a questão ambiental, acabou fazendo de forma bastante genérica, pois resumiu a base normativa para o tratamento dos resíduos sólidos aos seguintes dispositivos constitucionais:

> Art. 23. É competência comum da União, dos Estados, do Distrito Federal e dos Municípios:
>
> (...)

VI - **proteger o meio ambiente** e combater a poluição em qualquer de suas formas;

Art. 24. Compete à União, aos Estados e ao Distrito Federal legislar concorrentemente sobre:

(...)

VI - florestas, caça, pesca, fauna, conservação da natureza, defesa do solo e dos recursos naturais, **proteção do meio ambiente e controle da poluição**;

Art. 170. A ordem econômica, fundada na valorização do trabalho humano e na livre iniciativa, tem por fim assegurar a todos existência digna, conforme os ditames da justiça social, observados os seguintes princípios:

I - soberania nacional;

II - propriedade privada;

III - função social da propriedade;

IV - livre concorrência;

V - defesa do consumidor;

VI - **defesa do meio ambiente, inclusive mediante tratamento diferenciado conforme o impacto ambiental dos produtos e serviços e de seus processos de elaboração e prestação**; (Redação dada pela Emenda Constitucional nº 42, de 19.12.2003)

Art. 225. Todos têm direito ao meio ambiente ecologicamente equilibrado, bem de uso comum do povo e essencial à sadia qualidade de vida, impondo-se ao Poder Público e à coletividade o dever de defendê-lo e preservá-lo para as presentes e futuras gerações.

(...)

V - controlar a produção, a comercialização e o emprego de técnicas, métodos e substâncias que comportem risco para a vida, a qualidade de vida e o meio ambiente; (Regulamento)

VI - promover a educação ambiental em todos os níveis de ensino e a conscientização pública para a preservação do meio ambiente;

Vê-se que não há referência expressa à questão dos resíduos sólidos como sendo um dos fatores a ser trabalhados do ponto de vista ambiental. Na verdade, isto confirma o que fora antes anunciado: que o saneamento básico, aí incluída a gestão dos resíduos sólidos, foi tratado pelo Constituinte de 1988 como tema relativo primordialmente à saúde pública, e não ao meio ambiente.

Isso, entretanto, jamais pode ser considerado empecilho à implementação de políticas públicas relacionadas a esse tema, pois, em se tratando de norma constitucional não há mesmo necessidade de que seja tão específica. O importante é que na Constituição Federal estejam inseridos os valores a serem considerados pela ação estatal.

No caso, o fato de a norma constitucional apontar expressamente o meio ambiente ecologicamente equilibrado como um bem de todos, impondo ao Poder Público e à coletividade, o dever de defendê-lo e de preservá-lo para as presentes e futuras gerações, é suficiente para que o Estado faça e cobre dos particulares as ações necessárias a esse fim, sendo intuitivo que, dentre essas ações, está a gestão dos resíduos sólidos.

Afinal, o meio ambiente, segundo sua própria definição legal, é "o conjunto de condições, leis, influências e interações de ordem física, química e biológica, que permite, abriga e rege a vida em todas as suas formas" (art. 3º da lei 6.938/1981), definição essa que, segundo FIORILLO, foi recepcionada pela Constituição de 1988:

> Em face da sistematização dada pela Constituição Federal de 1988, podemos tranquilamente afirmar que o conceito de meio ambiente dado pela Lei da Política Nacional do Meio Ambiente *foi recepcionado*. Isso porque a Carta Magna de 1988 buscou tutelar não só o meio ambiente natural, mas também o artificial, o cultural e o do trabalho.
>
> Aludida conclusão é alcançada pela observação do art. 225 da lei Maior, que utiliza a expressão *sadia qualidade de vida*. De fato, o legislador constituinte optou por estabelecer dois objetos de tutela ambiental: "um imediato, que é a qualidade do meio ambiente, e outro mediato, que é a saúde, o bem-estar e a segurança da população, que se vêm sintetizando na expressão qualidade de vida.[27]

Ainda sob o prisma das normas constitucionais relativas aos resíduos sólidos, chama a atenção o tema ter sido incluído na Ordem Econômica (art.

---

[27] FIORILLO, Celso. Curso de Direito Ambiental Brasileiro. Saraiva, São Paulo: 2007, p. 21.

170, VI), o que serve de fundamento para a efetiva intervenção do Estado na atividade das empresas, seja regulando, como no caso das atividades sujeitas a licenciamento ambiental, seja incentivando ou desestimulando determinadas práticas, como expressamente previsto na lei que estabelece a Política Nacional dos Resíduos Sólidos (Lei 12.305/2010), cujo artigo 42 prevê medidas indutoras e linhas de financiamento para atender, prioritariamente, às iniciativas de prevenção e redução da geração de resíduos sólidos no processo produtivo (inciso I).

3.4 GESTÃO DE RESÍDUOS SÓLIDOS E ATRIBUIÇÃO DE COMPETÊNCIAS

Qualquer estudo da atuação estatal no Brasil, inclusive das ações estatais ocorridas no âmbito de políticas públicas, requer a compreensão da influência da forma federativa do Estado brasileiro sobre essas ações. Pois, como se sabe, o Brasil é uma federação e, nessa forma de Estado, há mais de um centro de emanação do poder, superpondo-se, em um mesmo território, mais de uma ordem jurídica, sendo que o fundamento de cada uma dessas ordens jurídicas é a própria Constituição Federal. No caso do Brasil, são três os níveis das fontes de emanação do poder, a saber: a União, os Estados e os Municípios.

No território de um município estão em vigor normas postas pelo próprio município, pelo Estado no qual o município está inserido, e pela União. Como não há hierarquia entre entes federados, é a própria Constituição Federal que delimita a atuação de cada um desses entes, dispondo sobre o que cabe – compete – a cada categoria de entes federativos, a saber: à União, aos Estados e aos Municípios.

Nesse sentido, a Constituição Brasileira estabelece uma sistemática na qual, em regra, a competência mais ampla, de fixação de diretrizes, das linhas gerais do planejamento das ações estatais cabe à União (art. 21, CF), abrangendo temas relacionados ao exercício da soberania e à segurança nacional. As atividades mais específicas, por sua vez, são destinadas aos municípios (art. 29, CF), responsáveis pelos assuntos de "interesse local" (art. 30, CF), assim consideradas as atividades pertinentes, por exemplo, a transportes coletivos municipais, ordenação do solo urbano, assunto discutido mais adiante - a gestão dos resíduos sólidos. Especificada a competência da União e dos Municípios, resta aos Estados, em regra, a chamada competência residual, ou seja, tudo o que não estiver incluído no âmbito da competência da União e dos Municípios (art. 25, CF).

O exercício dessas competências, entretanto, não é estanque ou isolado, com cada ente atuando de forma totalmente apartada dos demais. A regra, em uma federação, é a cooperação entre União, Estados e Municípios.

A propósito, cabe destacar que a Constituição fixa ainda como competências "comuns" e "concorrentes", para ações nas quais se faça necessária a combinação de esforços de todos os entes federais, dentre eles, os que mais nos interessam neste trabalho, a proteção ao meio ambiente, o saneamento básico e o combate à poluição.

Trata-se de um sistema bastante complexo, em face da necessidade de se combinar a cooperação entre os três níveis de governo, sem, entretanto, permitir que haja invasões de um ente na seara de outro nem muito menos a sobreposição dos interesses de um sobre o outro. Debruçando-se sobre o tema, ANTUNES constata essa mesma dificuldade:

> O problema jurídico-constitucional mais complexo em matéria de proteção ambiental é a repartição de competências entre os integrantes da Federação. Isso tem sido reconhecido pelos estudiosos do tema, não sem certa perplexidade como nos dá mostra Freitas, *"em que pesem as dificuldades para discernir o que é interesse nacional, regional ou local, assunto ainda pouco enfrentado pela doutrina e pelos Tribunais, o certo é que a repartição de poderes atende mais aos interesses da coletividade. Evidentemente, só com o tempo as dúvidas serão aclaradas"*. Em obra posterior, o mesmo Freitas insiste na questão das evidentes dificuldades decorrentes dos aspectos relacionados com competências, senão vejamos: *"A prática vem revelando extrema dificuldade em separar a competência dos entes políticos nos casos concretos. Há – é inegável – disputa de poder entre órgãos ambientais, fazendo com que, normalmente, mais de atribua a si a mesma competência legislativa e material"*. Essas observações, adequadas, por certo, ainda não têm encontrado eco nos ambientes judiciais que, em diversas vezes, não demonstram capacidade de esclarecer os comandos constitucionais referentes às competências. É verdade, como se verá, que o STF tem dado à questão um tratamento bastante coerente, muito embora centralizadora.[28]

---

[28] ANTUNES, Paulo de Bessa. Direito Ambiental. Lumen Juris, Rio de Janeiro: 2008, p. 77. A citação feita pelo autor a FREITAS, refere-se a VLADIMIR PASSOS DE FREITAS, nas obras "Direito Administrativo e Meio Ambiente", Curitiba: Juruá, 1993, p. 31-32; e "A CF e a

MARININA GRUSKA BENEVIDES refere-se ao federalismo cooperativo, ao lecionar que:

> Promulgada a Constituição de 1988, erigido o município à condição de ente federativo, ele ganhou total autonomia política, administrativa e financeira e personalidade jurídica. Passou a ser regido por lei orgânica, a lei maior do município, uma espécie de constituição elaborada pela Câmara Municipal (Rodrigues,2002).
>
> Assim, ao criar um federalismo cooperativo, a Constituição deu ênfase aos governos locais e não aos governos estaduais, ao fortalecimento da democracia via descentralização, objetivando ampliar a participação popular, criar novos espaços públicos, controlar a ação dos governantes, promover o desenvolvimento sustentável, formar novas lideranças etc.[29]

No caso dos resíduos sólidos no Brasil, vê-se que a questão é tratada pela Constituição Federal a partir de dois pontos de vista: do saneamento básico e do meio ambiente.

No que diz respeito à fixação da competência, no entanto, a atuação pertinente a ambos os prismas se situa no âmbito da competência comum da União, dos Estados, do Distrito Federal e dos Municípios, conforme dispõe o artigo 23 da Constituição Federal:

> Art. 23. É competência comum da União, dos Estados, do Distrito Federal e dos Municípios:

Efetividade das Normas Ambientais", São Paulo: RT, 2000, p. 80.

[29] BENEVIDES, Marinina Gruska. Direito à cidade. Ed. Museu do Ceará, Fortaleza: 2009, p. 97/98.

(...)

> VI - **proteger o meio ambiente** e combater a poluição em qualquer
> de suas formas;

> IX - **promover programas** de construção de moradias e a melhoria das
> condições habitacionais e **de saneamento básico**;

Já ficou visto aqui que, nos casos de competência comum, a União, os Estados, o Distrito Federal e os Municípios devem cooperar na execução de tarefas e objetivos que lhe são correlatos, uma vez que, como nos ensina BULOS:

> São matérias imprescindíveis ao funcionamento das instituições, motivo pelo qual se justifica a convocação dos entes federativos para, numa ação conjunta e unânime, arcar, zelar, proteger e resguardar as responsabilidades recíprocas de todos.

> Objetiva-se, finalmente, com a competência comum, que não prevaleça uma entidade sobre a outra. Abre-se mão da hierarquia em nome da cooperação, tendo em vista o bem-estar da sociedade.[30]

Além dessa linha de cooperação da competência comum, o tratamento dado pela Constituição à matéria, ora estudada também, segue a tendência de encarregar a União da definição dos aspectos mais gerais das ações a serem desenvolvidas pelo Poder Público, conforme se vê dos artigos 21, 23 e 24 da Cara Magna:

---

[30] BULOS, Uadi Lâmmego. Constituição Federal Anotada. São Paulo: Saraiva, 2007, p. 562/563.

Art. 21. Compete à União:

(...)

XX - **instituir diretrizes para o** desenvolvimento urbano, inclusive habitação, **saneamento básico** e transportes urbanos;

Art. 24. Compete à União, aos Estados e ao Distrito Federal legislar concorrentemente sobre:

(...)

VI - florestas, caça, pesca, fauna, conservação da natureza, defesa do solo e dos recursos naturais, **proteção do meio ambiente e controle da poluição**;

(...)

§ 1º - **No âmbito da legislação concorrente, a competência da União limitar-se-á a estabelecer normas gerais**.

Aos Estados competem, observando essas normas gerais, estabelecer a suas próprias normas a respeito da matéria, elaborar planos e projetos de caráter estadual, podendo, inclusive, no caso de inexistência da norma geral federal, suprir essa omissão, até que a lei federal seja editada, tal como previsto nos parágrafos 3º e 4º do art. 24 da Constituição Federal:

§ 3º - Inexistindo lei federal sobre normas gerais, os Estados exercerão a competência legislativa plena, para atender a suas peculiaridades.

Finalmente, cabe aos Municípios a atuação no âmbito local, mais próximo das pessoas, executando serviços como a coleta, o transporte e a disposição dos resíduos, em conformidade com os planos nacionais e estaduais. Sua importância no sistema é fundamental, como bem observa ANTUNES:

> A importância dos Municípios é evidente por si mesma, pois as populações e as autoridades locais reúnem amplas condições de bem conhecer os problemas e mazelas ambientais de cada localidade, sendo certo que são as primeiras a localizar e identificar o problema. É através dos Municípios que se pode implementar o princípio ecológico de *agir localmente, pensar globalmente*.[31]

Tudo isso será visto de forma mais concreta no próximo capítulo, ao se tratar da Política Nacional dos Resíduos Sólidos e da atuação de cada ente estatal no âmbito dessa Política.

---

[31]   ANTUNES, Paulo de Bessa. Direito Ambiental. Lumen Juris, Rio de Janeiro: 2008, p. 87.

4 AS POLÍTICAS PÚBLICAS DE PLANEJAMENTO E GESTÃO DE RESÍDUOS SÓLIDOS

4.1 PLANEJAMENTO E GESTÃO INTEGRADA DE RESÍDUOS SÓLIDOS

Antes de se tecer qualquer consideração a respeito de qual seja o papel de cada um dos agentes sociais no planejamento e na gestão dos resíduos sólidos, faz-se necessário responder a uma pergunta: planejamento e gestão são coisas distintas, ou o planejamento seria uma fase da gestão?

A resposta a essa pergunta não é simples. A Ciência da Administração há anos debate em torno da questão. Tradicionalmente, tem predominado o entendimento de que o planejamento seria uma atividade anterior à gestão, na qual se faz um diagnóstico da situação e definem-se as ações a serem implementadas.

Maria Alice Guedes Porto e Anselmo Alves Bandeira, ensinam que:

> O planejamento, mais que predizer o futuro, se constitui em uma aposta com relação a esse futuro desejado. O planejamento, então, é um "cálculo, que preside a ação para criar o futuro com imaginação, a partir das possibilidades que sejamos capazes de descobrir" (Matus, 1988).[32]
>
> O ato de planejar dá a possibilidade de influir nos resultados futuros, sem entretanto, garantir que se tenha controle sobre os mesmos.

---

[32]   O planejamento e seu impacto na gestão das organizações, <http://www.personnalitegestao.com.br/userfiles/file/pdf/PlanejamentoeGestaodasOrgani zacoes.pdf>

LUSTOSA anota, citando Matus (1988), que *"planejar está associado com a ideia de preparação e controle do futuro, tendo como referência o presente, o cenário de mudanças constantes inviabiliza qualquer expectativa de 'controle total' ou de 'predição' do futuro"*[33]. E complementa:

> O planejamento, mais que predizer o futuro, se constitui em uma aposta com relação a esse futuro desejado. O planejamento, então, é um "cálculo, que preside a ação para criar o futuro com imaginação, a partir das possibilidades que sejamos capazes de descobrir" (Matus, 1988).
>
> O ato de planejar dá a possibilidade de influir nos resultados futuros, sem entretanto, garantir que se tenha controle sobre os mesmos.

É preciso observar, por outro lado, que a própria noção de planejamento tem evoluído, tanto na iniciativa privada como no âmbito governamental. Assim, uma visão tradicional do planejamento o aponta como instrumento voltado para o controle das variáveis que poderá influir nos resultados almejados pela organização, levando em conta a visão que se tem do presente e das experiências do passado. Faz-se previsões para o futuro, sem levar em consideração fatores sociais, políticos e culturais.

A ênfase de seus esforços concentrar-se-ia, portanto, nos procedimentos a serem adotados pela organização, pela mecânica do trabalho e pela organização institucional. Nessa visão, que distingue

---

[33] LUSTOSA, Paulo Henrique. Planejamento e ações de governo: novos desafios. http://www.ibrad.org.br/site/Upload/Artigos/14.pdf

planejamento de gestão, esta ocorreria na implementação das ações planejadas.

Essa ideia tradicional do planejamento, contudo, tem sido superada pelo planejamento estratégico, no qual o planejador não é visto como um ser externo à organização e à realidade. Na visão do planejamento estratégico, é a própria organização que faz o planejamento, por meio de um processo de interação com outros agentes, também dotados de interesses e vontades, e que também interferem na realidade e têm os seus próprios planos.

Segundo LUSTOSA, o planejamento estratégico deve ser orientado pelos seguintes princípios metodológicos:

- Ter como foco o problema e não o objetivo. Isto pressupõe uma análise exaustiva do problema, em suas várias dimensões, causas, conseqüências, e uma análise dos atores envolvidos, direta ou indiretamente, com o problema;

- Fixar objetivos como apostas ou propostas, e não como rígidos preceitos normativos. Assim, os objetivos devem ser definidos a partir de cálculos interativos, onde se analisa e se tenta prever as possibilidades de reação dos vários atores envolvidos e seus efeitos sobre o plano. Não se pode deixar de considerar as possibilidades concretas de operação, remetendo às condições internas e externas;

- Articular planejamento e ação, considerando que o planejamento só se completa na ação e constitui uma atividade em permanente processo de elaboração. O monitoramento e a avaliação constituem, neste contexto, instrumento indispensável para a dar viabilidade ao plano;

- Considerar o planejamento como um processo composto de momentos (explicativo, normativo, estratégico e tático-operacional) que interagem entre si e se repetem continuamente e não como um conjunto de fases que se sucedem cronologicamente.[34]

Planejamento e gestão estariam, todavia, fortemente relacionados, chegando-se a afirmar que a gestão estratégica é a continuidade do planejamento estratégico[35]. Isto é válido principalmente para aqueles que usam uma ferramenta de gestão estratégica chamada PDCA, representada pelo seguinte gráfico:

Figura 1 - planejamento estratégico

---

[34]   LUSTOSA, Paulo Henrique. Planejamento e ações de governo: novos desafios. http://www.ibrad.org.br/site/Upload/Artigos/14.pdf

[35]   JUSTUS, Walter. "Planejamento estratégico ou gestão estratégica?". In http://www.sagres.org.br/biblioteca/plangest.pdf, acesso 03.05.2011, 19:00.

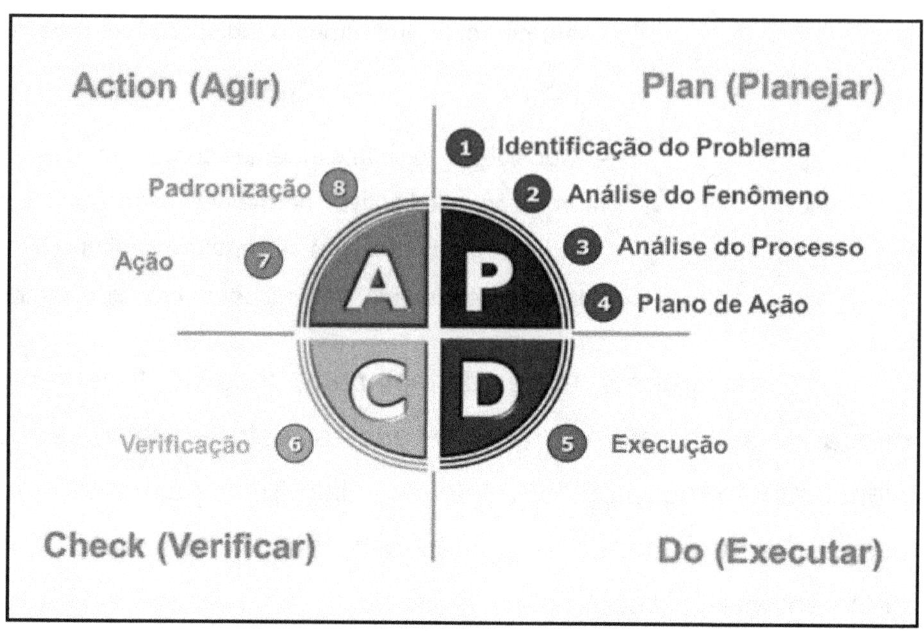

Fonte: Portal da Administração[36]

Segundo essa metodologia, as organizações (privadas ou públicas) devem buscar a melhoria contínua dos processos de gestão, em um ciclo que envolve 4 etapas, Plan, Do, Check e Act, que podem ser descritas nos seguintes termos:

> Plan (Planejar). Este é o primeiro passo do ciclo de melhoria continua. Este passo é o responsável pelo desenho do processo ao qual se quer ter o conceito aplicado. Nesta fase é importante ressaltar 3 sub etapas: Estabelecer objetivos, estabelecer o caminho de como este objetivo será alcançado e o método que será utilizado para chegar-se a este objetivo.

---

[36] http://www.portal-administracao.com/2014/08/ciclo-pdca-conceito-e-aplicacao.html

Do (Executar). Esta etapa é a execução da etapa anterior de planejamento. Esta etapa consiste em treinamentos dos envolvidos, a execução do que foi planejado e a coleta de dados para futura análise.

Check (Verificar ou checar). Aqui teremos a análise e verificação dos dados coletados anteriormente. Nesta fase é onde serão detectados as possíveis falhas e erros que não estavam previstos no desenho do processo.

Act (Agir) esta é a última faze do ciclo, após esta fase ser concluída, o PDCA inicia um novo ciclo.

Nesta fase serão aprimoradas as correções e também definidas os planos de ação para o melhoramento da qualidade, eficiência e eficácia.

Este conceito é largamente aplicado nas metodologias e boas práticas relacionadas a área de TIC pela sua característica proativa de planejamento, execução, verificação e aplicação da melhoria.

Este ciclo quando é repetido diversas vezes traz vantagens competitivas ao negócio, fazendo com que a qualidade e excelência sejam pontos estratégicos dentro da organização.[37]

Esses conceitos são hoje amplamente adotados no âmbito da Administração Pública, com as devidas adequações.

No que pertence especificamente à gestão dos resíduos sólidos, a Política Nacional de Resíduos Sólidos prevê (art. 14 da Lei 12.305/2010) a

---

[37]   https://scsampaio.files.wordpress.com/2011/12/ciclo-de-deming-ou-ciclo-pdca.pdf

elaboração do Plano Nacional, dos Planos Estaduais, dos Planos Microrregionais, dos Planos Intermunicipais, os Planos Municipais e os Planos de Gerenciamento e de Resíduos Sólidos.

Destaque para os Planos Municipais, expressamente tratados pela Lei 12.305/2010 como planos de "gestão integrada", o que torna imprescindível a noção de planejamento e de gestão para sua elaboração e compreensão.

A amplitude do planejamento e da gestão devem levar em conta pelo menos três dimensões que ampliam consideravelmente as variáveis nesse processo. A primeira dessas dimensões revela-se na variedade de agentes capazes de influenciar no processo que envolve os resíduos sólidos, desde a sua geração a sua destinação final. Entidades governamentais, empresas, organizações não governamentais e até mesmo as famílias, cada um pode ter uma participação importante nesse processo, portanto, devem ser considerados no planejamento e na gestão dos resíduos. A segunda dimensão diz respeito à fixação dos marcos inicial e final do ciclo percorrido pelos resíduos. Hoje, é pacífico o reconhecimento de que a preocupação com os resíduos deve começar, não depois que eles já foram gerados, mas antes mesmo de sua geração. Ou seja, ao se pensar sobre a fabricação de um produto, ou sobre sua embalagem, já é possível à empresa vislumbrar os desdobramentos disso sobre a geração de resíduos. Da mesma forma, a destinação final pode não ser um fim para determinado resíduo, mas o começo de outro processo, como se vêm amplamente ocorrer nos processos de reciclagem. A terceira dimensão aqui destacada estaria relacionada com os ramos do conhecimento a partir dos quais se pode estudar os resíduos, sobre os quais se podem lançar olhares bem distintos, conforme o prisma sanitário, ambiental, econômico e tantos outros.

ANDRÉ Y CERDÁ ensinam que, tradicionalmente, a gestão de resíduos sólidos foi considerada um problema de engenharia, o que gerou uma literatura voltada para os aspectos tecnológicos e ambientais da questão, enquanto o aspecto econômico tem se desenvolvido muito menos e até poucos anos dispersa, e complementa, citando GODDARD:

> Esta situação tem levado alguns autores a afirmar que "o problema da gestão de resíduos sólidos provém da falta de reconhecimento da natureza econômica do problema (...) essa situação está começando a mudar, porém de forma demasiado lenta para evitar a crise atual" (Goddard, 1995, pág. 188).[38]

Seguindo essa linha de raciocínio, os dois autores definem a "gestão de resíduos" da seguinte forma:

> Em sentido estrito, costuma-se definir a *gestão* de resíduos como o conjunto de operações voltadas a dar aos resíduos sólidos produzidos em uma zona determinada o destino mais adequado desde o ponto de vista econômico e ambiental, segundo SUAS características, volume, procedência, possibilidades de reaproveitamento e comercialização, custo de tratamento e regulamentação legal.[39]

---

[38] No original: Esta situación ha llevado a algunos a afirmar que «el problema de la gestión de residuos sólidos proviene de la falta de reconocimiento hacia la naturaleza económica del problema (...) esta situación está empezando a cambiar, pero el cambio ha sido demasiado lento para evitar la crisis actual» (Goddard, 1995, pág. 188). (Gestión de residuos sólidos urbanos: análisis económico y políticas públicas. Francisco J. André, Departamento de Economía, Universidad Pablo de Olavide de Sevilla; Emilio Cerdá, Universidad Complutense de Madrid.

Essa definição – advertem os autores – está vinculada ao que se poderia chamar de *"enfoque pós-consumo"*, que consiste em ter como ponto de partida a quantidade e a composição de resíduos gerados e, a partir daí, definir os métodos para o seu tratamento. Em uma visão mais ampla, deve incluir em suas preocupações também o enfoque *"pré-consumo"*, segundo o qual a gestão dos resíduos engloba também as fases de produção e comercialização dos bens de consumo, em face da influência que essas fases exercem sobre a composição e o volume dos resíduos que serão gerados.

Nessa linha de raciocínio, DEMAJOROVIC afirma que, com relação aos resíduos sólidos, a preocupação primeira é não gerar. Segundo o autor, os novos objetivos da política ambiental levam à fixação de novas prioridades da gestão de resíduos sólidos em nível internacional, o que conduz a uma mudança radical nos processos de coleta e disposição de resíduos. E complementa:

> Em contraposição aos antigos sistemas de tratamento desses resíduos, que tinham como prioridade a disposição destes, os atuais devem ter como prioridade um *ecological cycle management*, o que significa a montagem de um sistema circular, onde a quantidade resíduos a serem reaproveitados dentro do sistema produtivo seja cada vez maior e a quantidade a ser disposta, menor[40].

---

[39]   No original: En sentido estricto, la *gestión* de residuos se suele definir como el conjunto de operaciones encaminadas a dar a los residuos producidos en una zona determinada el destino más adecuado desde el punto de vista económico y ambiental, según SUS características, volumen, procedencia, posibilidades de recuperación y comercialización, coste de tratamiento y normativa legal.

[40]   De política tradicional de tratamento do lixo à política de gestão de resíduos sólidos: novas prioridades. In Revista de Administração de Empresas, v. 35, n. 3, p. 88-93,

Atualmente, no Brasil, entes governamentais vêm buscando um conceito de GESTÃO INTEGRADA DOS RESÍDUOS SÓLIDOS, conforme se vê em cartilha elaborada conjuntamente pelos Ministérios do Meio Ambiente e das Cidades, na qual o conceito é apresentado nos seguintes termos:

> O conceito é o da integração dos diversos atores, de forma a estabelecer e aprimorar a gestão dos resíduos sólidos, englobando todas as condicionantes envolvidas no processo e possibilitando um desenvolvimento uniforme e harmônico entre todos os interessados, de forma a atingir os objetivos propostos, adequados às necessidades e características de cada comunidade.
>
> Contempla os aspectos institucionais, administrativos, financeiros, ambientais, sociais e técnico-operacionais. Significa mais do que o gerenciamento técnico-operacional do serviço de limpeza. Extrapola os limites da administração pública, considera o aspecto social como parte integrante do processo e tem como ponto forte a participação não apenas do primeiro setor (o setor público), mas também do segundo (o setorprivado) e do terceiro setor (as organizações não-governamentais), que se envolvem desde a fase dedicada a pensar o modelo de planejamento e a estabelecer a estratégia de atuação, passando pela forma de execução e de implementação dos controles.
>
> A **Gestão Integrada de Resíduos Sólidos** pode ser entendida como a maneira de "conceber, implementar e administrar sistemas de manejo de resíduos sólidos urbanos, considerando uma ampla participação dos setores da sociedade e tendo como perspectiva o desenvolvimento sustentável".

São Paulo-SP, mai-jun-1995.

Esse sistema deve considerar a ampla participação e intercooperação de todos os representantes da sociedade, do primeiro, segundo e terceiros setores, assim exemplificados: governo central; governo local; setor formal; setor privado; ONGs; setor informal; catadores; comunidade; todos geradores e responsáveis pelos resíduos[41].

É nesse cenário, quanto à busca da delimitação do planejamento e da gestão dos resíduos sólidos, da definição do papel de cada um dos atores envolvidos no planejamento e da gestão dos resíduos, que foi estabelecida a Política Nacional dos Resíduos Sólidos, por força da Lei 12.305, de 02.08.2010.

A Lei 12.305/2010 diferencia gestão integrada de gerenciamento, conforme se vê do seu art. 3º:

Art. 3º Para os efeitos desta Lei, entende-se por:

(...)

X - gerenciamento de resíduos sólidos: conjunto de ações exercidas, direta ou indiretamente, nas etapas de coleta, transporte, transbordo, tratamento e destinação final ambientalmente adequada dos resíduos sólidos e disposição final ambientalmente adequada dos rejeitos, de acordo com plano municipal de gestão integrada de resíduos sólidos ou com plano de gerenciamento de resíduos sólidos, exigidos na forma desta Lei;

---

[41] Mesquita Júnior, José Maria de. Gestão integrada de resíduos sólidos - Coordenação de Karin Segala. – Rio de Janeiro: IBAM, 2007, p. 13.

XI - gestão integrada de resíduos sólidos: conjunto de ações voltadas para a busca de soluções para os resíduos sólidos, de forma a considerar as dimensões política, econômica, ambiental, cultural e social, com controle social e sob a premissa do desenvolvimento sustentável;

(...)

Esse e outros aspectos do Plano Nacional de Resíduos Sólidos são objeto de exame neste capítulo, nos itens a seguir apresentados.

4.2 BREVES ANOTAÇÕES HISTÓRICAS SOBRE A POLÍTICA NACIONAL DE RESÍDUOS SÓLIDOS NO BRASIL

A Lei 12.305, de 2 de agosto de 2010, que instituiu a Política Nacional de Resíduos Sólidos, resultou do Projeto de Lei 203, de 1991, o que, por si só, demonstra o quanto o assunto foi debatido no Congresso Nacional e entidades ligadas ao tema, uma vez que decorreram quase vinte anos entre o início das discussões em torno do Projeto e a publicação da lei sancionada.

Segundo a exposição de motivos do Projeto de Lei, entretanto, os debates em torno do assunto começaram bem antes, no final da década de 1980, quando surgiram as primeiras iniciativas legislativas voltadas para a definição de diretrizes para a gestão dos resíduos sólidos no Brasil[42]. Desde então, teriam sido elaborados mais de 100 projetos de lei, os quais terminaram por ser apensados ao Projeto de Lei nº 203, de 1991.

[42]   http://www.planalto.gov.br/ccivil_03/projetos/EXPMOTIV/MMA/2007/58.htm

Em 2001, a Câmara dos Deputados criou a *"Comissão Especial da Política Nacional de Resíduos"* com o objetivo de analisar apreciar as matérias contempladas nesse conjunto de projetos de lei, para, a partir daí, formular uma proposta que abarcasse todos os temas neles tratados. Mas, a Comissão terminou sendo extinta, sem que se chegasse a qualquer resultado satisfatório.

Em 2003, realizou-se a *I Conferência Nacional de Meio Ambiente*, reunindo diversas representações da sociedade para compartilhar propostas à política pública de meio ambiente. Na ocasião, foram produzidas centenas de deliberações; a maioria de competência do Ministério do Meio Ambiente, mas, muitas de competência de outros órgãos governamentais, como declarou, em entrevista ao site Ambiente Brasil, Pedro Ivo de Souza Batista, na época responsável pela Agenda 21 Brasil, no Ministério do Meio Ambiente. Segundo o ambientalista, a I Conferência Nacional do Meio Ambiente:

> (...) superou a participação esperada e reuniu de cerca de 65 mil pessoas em todos os estados brasileiros e no Distrito Federal. O objetivo era o de mobilizar a sociedade para discutir de forma ampla e democrática as políticas ambientais para o país. E essa expectativa, com certeza, foi correspondida, tendo em vista o nível dos debates, a relevância dos temas levantados e a participação efetiva dos diversos setores da sociedade ali representados[43].

A Exposição de Motivos do Projeto de Lei 203, de 1991, destaca ainda que:

---

[43] http://noticias.ambientebrasil.com.br/clipping/2005/09/11/20711-entrevista-exclusiva-pedro-ivo-de-souza-batista.html

Durante o ano de 2004, o Ministério do Meio Ambiente envidou esforços no sentido de elaborar uma proposta de texto para a regulamentação da questão dos resíduos sólidos no país, promovendo grupos de discussões interministeriais e de representantes de diversas secretarias do Ministério do Meio Ambiente. O CONAMA realizou em agosto do mesmo ano, o Seminário intitulado *"Contribuições à Política Nacional de Resíduos Sólidos"* que teve como principal objetivo a busca de subsídios da sociedade em geral para a formulação de uma nova proposta de projeto de lei, pois o conteúdo da Proposição CONAMA no 259 encontrava-se defasado.

No início de 2005, foi criado um grupo interno na Secretaria de Qualidade Ambiental nos Assentamentos Humanos do Ministério do Meio Ambiente para consolidar e sistematizar as contribuições do Seminário CONAMA, os anteprojetos de lei existentes no Congresso Nacional e as contribuições dos diversos atores envolvidos na gestão de resíduos sólidos. Como resultado dessa consolidação foi elaborada a proposta que ora está sendo encaminhada como um anteprojeto de lei de "Política Nacional de Resíduos Sólidos". Esse anteprojeto foi debatido com os Ministérios das Cidades, da Saúde, mediante sua Fundação Nacional de Saúde-FUNASA, do Desenvolvimento, Indústria e Comércio Exterior, do Planejamento, Orçamento e Gestão, do Desenvolvimento Social e Combate à Fome e da Fazenda, buscando nas discussões a sustentabilidade requerida para a temática.

Ainda em 2005, foi realizada a *II Conferência Nacional de Meio Ambiente*, que reuniu mais de duas mil pessoas, cujo objetivo era consolidar a participação da sociedade brasileira no processo de formulação das políticas ambientais. Nessa *Conferência*, a questão dos resíduos sólidos foi tema prioritário, tendo a Política Nacional de Resíduos Sólidos sido tema de debate logo no primeiro dia de trabalho dos delegados[44], ficando comprovada a necessidade do estabelecimento de diretrizes nacionais para amparar a questão.

EDMILSON RODRIGUES DA COSTA narra a reta final desse longo caminho até a aprovação da Lei 12.305/2010:

> Em 2008 foi criado o Grupo de Trabalho na Câmara dos Deputados para viabilizar a deliberação sobre a matéria. O pressuposto da logística reversa presente no texto, que prevê inclusive responsabilidades pós-consumo, encontrou resistência do setor industrial, o que prorrogou a aprovação do projeto de lei. Depois a logística reversa foi considerada aceitável e principalmente aplicável, com compreensão da área empresarial e da área governamental do objetivo de prevenir e recuperar danos ambientais, com viés na responsabilidade social de uma sustentabilidade pró-ativa integradora entre União, Estados, Municípios, empresas e cidadãos. O consenso dos setores industriais e dos catadores de materiais recicláveis, então, serviu de base para que a PNRS fosse aprovada em junho de 2010 pelo Congresso Nacional e sancionada, pela Presidência da República, na forma da Lei Nº 12.305 de 02 de agosto de 2010.[45]

---

44 http://www.socioambiental.org/nsa/detalhe?id=2166

45 http://www.revistapetrus.com.br/uma-visao-comentada-sobre-a-lei-da-pnrs/

O Instituto ETHOS relata o que chama de saga da Política Nacional de Resíduos Sólidos, em publicação de agosto de 2012, cujo desfecho é digno de transcrição:

Também nas edições da Conferência de Meio Ambiente de 2003 e de 2005 houve vários debates e seminários sobre resíduos, com o objetivo de reunir contribuições para a política nacional que vinha sendo desenhada. O grupo interno da Secretaria de Qualidade Ambiental nos Assentamentos Humanos, do Ministério do Meio Ambiente, criado para consolidar e sistematizar essas contribuições, era integrado pelos ministérios das Cidades, da Saúde, do Desenvolvimento, Indústria e Comércio Exterior, do Planejamento, Orçamento e Gestão, do Desenvolvimento Social e Combate à Fome e da Fazenda.

Em 2007, uma decisão federal contribuiu para agilizar a aprovação de uma política para os resíduos. A Presidência da República, o Ministério do Meio Ambiente e outros ministérios enviaram para apreciação do Congresso o PL 1991/2007, instituindo a Política Nacional de Resíduos Sólidos, compatível com a Política Nacional de Saneamento Básico (Lei nº. 11.445/07) e com a Lei dos Consórcios (Lei nº. 11.795/08).

Dois anos mais tarde, foi constituído um novo Grupo de Trabalho de Resíduos, composto por 13 parlamentares, com a missão de examinar a matéria. O prazo inicial de 30 dias foi prorrogado diversas vezes e o grupo promoveu audiências públicas e novas consultas a setores empresariais, a representantes da sociedade civil e a vários ministérios. Foram discutidas questões relativas aos princípios do poluidor-pagador, da logística reversa e da integração das cooperativas de catadores, além de matérias como instrumentos fiscais e tributários e incentivos fiscais.

Para aumentar a demanda por recicláveis e beneficiar catadores, sucateiros, cooperativas e empresas de processamento primário de resíduos, o governo federal lançou, em 2009, a Medida Provisória 476, que concedia crédito presumido do Imposto sobre Produtos Industrializados (IPI) para indústrias que comprassem insumos das cooperativas. A renúncia fiscal, estimada em R$ 500 milhões, previa desconto escalonado de até 50% para a compra de insumos reciclados das empresas, enquanto a aquisição em cooperativas teria redução de 100%. Essa medida, no entanto, já foi suspensa.

No dia 10 de março de 2010, como resultado de um consenso possível, o plenário da Câmara dos Deputados aprovou, em votação simbólica e unânime, o Projeto de Lei n°. 203/91, do Senado. Solicitando urgência na aprovação pelo Senado, o projeto instituía a Política Nacional de Resíduos Sólidos. Finalmente, após tramitar (como PL354/89) em sessão conjunta de várias comissões, a lei foi aprovada pelo Senado em julho de 2010.

No dia 2 de agosto de 2010, o texto aprovado pelo Congresso Nacional foi sancionado pela Presidência da República, sem nenhum veto, como Lei n°. 12.305/10, que instituiu a Política Nacional de Resíduos Sólidos, regulamentada em dezembro, por meio do Decreto n°. 7404/2010. Apesar dos quase 20 anos de tramitação e de conter detalhes que desagradaram alguns setores, a PNRS é considerada uma lei moderna, especialmente por vir acompanhada de instrumentos inovadores, como a responsabilidade compartilhada e a determinação de contemplar a inclusão social dos catadores.[46]

4.3 NORMAS GERAIS DA POLÍTICA NACIONAL DE RESÍDUOS SÓLIDOS

Superado o trâmite abordado no item anterior, com as idas e vindas do processo legislativo que ficaram registradas para a história, o fato é que desde agosto de 2010 o Brasil tem uma Política Nacional de Resíduos Sólidos (PNRS), instituída em Lei, que estabelece princípios, fixa diretrizes, define atribuições de entes públicos e privados, ou seja, trata da questão dos resíduos sólidos de forma sistematizada.

Nas palavras de CARLOS ROBERTO VIEIRA DA SILVA FILHO e FABRÍCIO DORADO SOLER:

> A Política Nacional de Resíduos Sólidos (PNRS) foi instituída por meio da Lei Federal n. 12305, de 2 de agosto de 2010, e regulamentada pelo Decreto n. 7404, de 23 de dezembro do mesmo ano. Esses diplomas normativos impuseram aos setores privado e público, bem como à sociedade, uma nova dinâmica de ações, medidas e procedimentos de gerenciamento ambiental adequado de resíduos sólidos.[47]

Do estudo do texto da Lei 12.305/2010, pode-se observar que as normas da Política Nacional de Resíduos Sólidos dividem-se em dois grandes grupos:

---

[46]   https://www3.ethos.org.br/wp-content/uploads/2012/08/Publica%C3%A7%C3%A3o-Residuos-Solidos_Desafios-e-Oportunidades_Web_30Ago12.pdf

[47]   **Gestão de resíduos sólidos: o que diz a lei.** 2ª. ed, São Paulo-SP, Trevisan Editora, 2013, p. 15.

a) as que dispõem sobre normas gerais em matéria de resíduos sólidos, dispondo sobre definições, princípios, objetivos, instrumentos e diretrizes da Política Nacional de Resíduos Sólidos, bem como regulamentando a intervenção do Estado nas atividades dos particulares relacionadas aos resíduos, tais como definição de responsabilidades do setor público e privado e da coletividade, incentivos e proibições da PNRS; e

b) as que estabelecem o conteúdo dos Planos de Resíduos, quais sejam, o Plano Nacional, os planos estaduais, os planos intermunicipais, os planos municipais e os planos de gerenciamento dos resíduos sólidos, voltados para determinados segmentos empresariais.

Evidentemente que o agrupamento aqui proposto não corresponde à distribuição das normas nos títulos, capítulos e artigos da Lei, nem tampouco existe uma divisão rigorosa dessas normas. Há, portanto, entrelaçamento dessas normas, sendo a organização anotada apenas didaticamente, de forma a permitir sua melhor compreensão.

Nessa linha de raciocínio, o primeiro grupo de normas da Lei 12.305/2010, chamadas normas gerais, trata de definições, princípios, objetivos, instrumentos e diretrizes da Política Nacional de Resíduos Sólidos.

Os artigos 4º e 5º, da Lei 12.305/2010, são elucidativos a esse respeito:

TÍTULO II

DA POLÍTICA NACIONAL DE RESÍDUOS SÓLIDOS

CAPÍTULO I

DISPOSIÇÕES GERAIS

Art. 4º A Política Nacional de Resíduos Sólidos reúne o conjunto de princípios, objetivos, instrumentos, diretrizes, metas e ações adotados pelo Governo Federal, isoladamente ou em regime de cooperação com Estados, Distrito Federal, Municípios ou particulares, com vistas à gestão integrada e ao gerenciamento ambientalmente adequado dos resíduos sólidos.

Art. 5º A Política Nacional de Resíduos Sólidos integra a Política Nacional do Meio Ambiente e articula-se com a Política Nacional de Educação Ambiental, regulada pela Lei no 9.795, de 27 de abril de 1999, com a Política Federal de Saneamento Básico, regulada pela Lei nº 11.445, de 2007, e com a Lei no 11.107, de 6 de abril de 2005.

4.3.1 Definições

As definições adotadas pela PNRS estão previstas no art. 3º da Lei 12.305/2010, e são as seguintes:

> I - acordo setorial: ato de natureza contratual firmado entre o poder público e fabricantes, importadores, distribuidores ou comerciantes, tendo em vista a implantação da responsabilidade compartilhada pelo ciclo de vida do produto;

II - área contaminada: local onde há contaminação causada pela disposição, regular ou irregular, de quaisquer substâncias ou resíduos;

III - área órfã contaminada: área contaminada cujos responsáveis pela disposição não sejam identificáveis ou individualizáveis;

IV - ciclo de vida do produto: série de etapas que envolvem o desenvolvimento do produto, a obtenção de matérias-primas e insumos, o processo produtivo, o consumo e a disposição final;

V - coleta seletiva: coleta de resíduos sólidos previamente segregados conforme sua constituição ou composição;

VI - controle social: conjunto de mecanismos e procedimentos que garantam à sociedade informações e participação nos processos de formulação, implementação e avaliação das políticas públicas relacionadas aos resíduos sólidos;

VII - destinação final ambientalmente adequada: destinação de resíduos que inclui a reutilização, a reciclagem, a compostagem, a recuperação e o aproveitamento energético ou outras destinações admitidas pelos órgãos competentes do Sisnama, do SNVS e do Suasa, entre elas a disposição final, observando normas operacionais específicas de modo a evitar danos ou riscos à saúde pública e à segurança e a minimizar os impactos ambientais adversos;

VIII - disposição final ambientalmente adequada: distribuição ordenada de rejeitos em aterros, observando normas operacionais específicas de modo a evitar danos ou riscos à saúde pública e à segurança e a minimizar os impactos ambientais adversos;

IX - geradores de resíduos sólidos: pessoas físicas ou jurídicas, de direito público ou privado, que geram resíduos sólidos por meio de suas atividades, nelas incluído o consumo;

X - gerenciamento de resíduos sólidos: conjunto de ações exercidas, direta ou indiretamente, nas etapas de coleta, transporte, transbordo, tratamento e destinação final ambientalmente adequada dos resíduos sólidos e disposição final ambientalmente adequada dos rejeitos, de acordo com plano municipal de gestão integrada de resíduos sólidos ou com plano de gerenciamento de resíduos sólidos, exigidos na forma desta Lei;

XI - gestão integrada de resíduos sólidos: conjunto de ações voltadas para a busca de soluções para os resíduos sólidos, de forma a considerar as dimensões política, econômica, ambiental, cultural e social, com controle social e sob a premissa do desenvolvimento sustentável;

XII - logística reversa: instrumento de desenvolvimento econômico e social caracterizado por um conjunto de ações, procedimentos e meios destinados a viabilizar a coleta e a restituição dos resíduos sólidos ao setor empresarial, para reaproveitamento, em seu ciclo ou em outros ciclos produtivos, ou outra destinação final ambientalmente adequada;

XIII - padrões sustentáveis de produção e consumo: produção e consumo de bens e serviços de forma a atender as necessidades das atuais gerações e permitir melhores condições de vida, sem comprometer a qualidade ambiental e o atendimento das necessidades das gerações futuras;

XIV - reciclagem: processo de transformação dos resíduos sólidos que envolve a alteração de suas propriedades físicas, físico-químicas ou biológicas, com vistas à transformação em insumos ou novos produtos, observadas as condições e os padrões estabelecidos pelos órgãos competentes do Sisnama e, se couber, do SNVS e do Suasa;

XV - rejeitos: resíduos sólidos que, depois de esgotadas todas as possibilidades de tratamento e recuperação por processos tecnológicos disponíveis e economicamente viáveis, não apresentem outra possibilidade que não a disposição final ambientalmente adequada;

XVI - resíduos sólidos: material, substância, objeto ou bem descartado resultante de atividades humanas em sociedade, a cuja destinação final se procede, se propõe proceder ou se está obrigado a proceder, nos estados sólido ou semissólido, bem como gases contidos em recipientes e líquidos cujas particularidades tornem inviável o seu lançamento na rede pública de esgotos ou em corpos d'água, ou exijam para isso soluções técnica ou economicamente inviáveis em face da melhor tecnologia disponível;

XVII - responsabilidade compartilhada pelo ciclo de vida dos produtos: conjunto de atribuições individualizadas e encadeadas dos fabricantes, importadores, distribuidores e comerciantes, dos consumidores e dos titulares dos serviços públicos de limpeza urbana e de manejo dos resíduos sólidos, para minimizar o volume de resíduos sólidos e rejeitos gerados, bem como para reduzir os impactos causados à saúde humana e à qualidade ambiental decorrentes do ciclo de vida dos produtos, nos termos desta Lei;

XVIII - reutilização: processo de aproveitamento dos resíduos sólidos sem sua transformação biológica, física ou físico-química, observadas as condições e os padrões estabelecidos pelos órgãos competentes do Sisnama e, se couber, do SNVS e do Suasa;

XIX - serviço público de limpeza urbana e de manejo de resíduos sólidos: conjunto de atividades previstas no art. 7º da Lei nº 11.445, de 2007.

Com relação ao item XIX, convém registrar que a Lei 11.445, de 2007, estabelece as diretrizes nacionais para o saneamento básico, cuja relação com a Política Nacional de Resíduos Sólidos é intuitiva.

As atividades previstas no art. 7º da Lei nº 11.445, de 2007 são a coleta, o transbordo e o transporte de resíduos; a triagem para fins de reuso ou reciclagem, de tratamento, de disposição final dos resíduos; a varrição, capina e poda de árvores em vias e logradouros públicos e outros eventuais serviços pertinentes à limpeza pública urbana.

Tendo em vista que este trabalho prevê a abordagem desses vários planos nos próximos itens, dedicou-se neste item aos aspectos gerais da Política.

4.3.2 Princípios, objetivos e instrumentos

A Política Nacional de Resíduos Sólidos - PNRS - estabelece uma estrutura para a distribuição de responsabilidades na gestão e gerenciamento dos resíduos sólidos, sempre levando em consideração a integração entre os entes da esfera pública que, nos termos da Carta Magna brasileira de 1988, têm competência concorrente para disciplinar o tema. Entretanto, não deverá haver interferência e/ou qualquer tipo de ingerência no âmbito de atuação de cada um, o que pode ser evitado, com a compreensão clara dos temas específicos, conforme perfil e abrangência dos atos emanados por eles, nas esferas federal, estadual e municipal.

Deve-se considerar, como regra, que a esfera federal é a responsável pela coordenação da Política Nacional dos Resíduos Sólidos - PNRS - estabelecendo as regras gerais relacionadas à responsabilidade compartilhada e pela aprovação e implementação dos Tratados Internacionais. Cabe aos Estados o estabelecimento da regulação e dos Planos Estaduais, promovendo metas e objetivos a serem alcançados, conforme a realidade regional e as regras prevalentes na PNRS. E, finalmente, os Municípios e o Distrito Federal são responsáveis pela operacionalização do Sistema, pela entrega dos serviços necessários ao estrito cumprimento da PNRS - mormente os serviços de limpeza urbana e o manejo de resíduos sólidos, com especial ênfase ao sistema de coleta seletiva.

No Brasil, a questão ambiental está assegurada na Constituição Federal de 1988 - ápice do ordenamento jurídico do Estado Democrático de Direito.

O meio ambiente, na CF/88, ganhou especial cuidado, em virtude da relevância que apresenta à saúde e à preservação da vida, em todas as suas formas, sendo-lhe um capítulo próprio:

CAPÍTULO VI

DO MEIO AMBIENTE

Art. 225. Todos têm direito ao meio ambiente ecologicamente equilibrado, bem de uso comum do povo e essencial à sadia qualidade de vida, impondo-se ao Poder Público e à coletividade o dever de defendê-lo e preservá- lo para as presentes e futuras gerações.

§ 1º Para assegurar a efetividade desse direito, incumbe ao Poder Público:

I - preservar e restaurar os processos ecológicos essenciais e prover o manejo ecológico das espécies e ecossistemas;

II - preservar a diversidade e a integridade do patrimônio genético do País e fiscalizar as entidades dedicadas à pesquisa e manipulação de material genético;

III - definir, em todas as unidades da Federação, espaços territoriais e seus componentes a serem especialmente protegidos, sendo a alteração e a supressão permitidas somente através de lei, vedada qualquer utilização que comprometa a integridade dos atributos que justifiquem sua proteção;

IV - exigir, na forma da lei, para instalação de obra ou atividade potencialmente causadora de significativa degradação do meio ambiente, estudo prévio de impacto ambiental, a que se dará publicidade;

V - controlar a produção, a comercialização e o emprego de técnicas, métodos e substâncias que comportem risco para a vida, a qualidade de vida e o meio ambiente;

VI - promover a educação ambiental em todos os níveis de ensino e a conscientização pública para a preservação do meio ambiente;

VII - proteger a fauna e a flora, vedadas, na forma da lei, as práticas que coloquem em risco sua função ecológica, provoquem a extinção de espécies ou submetam os animais a crueldade.

§ 2º Aquele que explorar recursos minerais fica obrigado a recuperar o meio ambiente degradado, de acordo com solução técnica exigida pelo órgão público competente, na forma da lei.

§ 3º As condutas e atividades consideradas lesivas ao meio ambiente sujeitarão os infratores, pessoas físicas ou jurídicas, a sanções penais e administrativas, independentemente da obrigação de reparar os danos causados.

§ 4º A Floresta Amazônica brasileira, a Mata Atlântica, a Serra do Mar, o Pantanal Mato-Grossense e a Zona Costeira são patrimônio nacional, e sua utilização far-se-á, na forma da lei, dentro de condições que assegurem a preservação do meio ambiente, inclusive quanto ao uso dos recursos naturais.

§ 5º São indisponíveis as terras devolutas ou arrecadadas pelos Estados, por ações discriminatórias, necessárias à proteção dos ecossistemas naturais.

§ 6º As usinas que operem com reator nuclear deverão ter sua localização definida em lei federal, sem o que não poderão ser instaladas.

A dimensão conferida ao tema vai desde os dispositivos do Capítulo VI, do Título VIII, a outros regramentos inseridos ao longo do texto constitucional, em outros Títulos e Capítulos.

Para o Professor JOSÉ AFONSO DA SILVA, a Constituição de 1988 foi:

> Portanto, a primeira a tratar deliberadamente a questão ambiental. Pode-se até dizer que ela é uma Constituição eminentemente ambientalista. Assumiu o tratamento da matéria em termos amplos e modernos. Traz um capítulo específico sobre o meio-ambiente, inserido no Título da Ordem Social. Mas a questão permeia todo o seu texto, correlacionada com os temas fundamentais da Ordem Constitucional.[48]

Nesse contexto, percebe-se, na legislação brasileira, a importância da Lei que estabelece a Política Nacional de Resíduos Sólidos, que funciona como eixo, no que tange especialmente ao Direito Ambiental. Portanto, reconhecida essa importância crucial da PNRS, esta deve pautar todas as demais normas, medidas e procedimentos atinentes à matéria. Outras legislações citadas na PNRS interagem com ela, motivando que seus termos devam ser considerados no ato da sua aplicação.

Dessa forma, o legislador proporcionou uma simbiose no ordenamento jurídico, objetivando garantir um amplo respaldo, com aplicabilidade mais concreta e eficiente da normatização referente aos resíduos sólidos.

---

[48] SILVA, José Afonso da. *Direito ambiental constitucional*. 19ª edição, atualizada. São Paulo: Malheiros Editores, 2011, p. 48.

4.3.2.1 Princípios

Vale destacar que a Política Nacional dos Resíduos Sólidos é guiada por princípios - sustentáculos basilares no que concerne a toda e qualquer ciência. Princípio trata da origem, do início, do alicerce; é o ponto de partida.

Como bem observa FLÁVIA PIVA, citando NICOLA ABBAGNANO[49] e MIGUEL REALE[50]:

> Etimologicamente, o termo *princípio* deriva do latim *principium*, que significa origem, começo. Em linguagem leiga, é o ponto de partida e o fundamento ou causa de um processo qualquer.
>
> (...)
>
> No âmbito jurídico, com uma precisão mais técnica no dizer jusfilósofo Miguel Reale, os princípios são "verdades fundantes" de um sistema de conhecimento, como tais admitidas por serem evidentes ou por terem sido comprovadas, que ostentando a qualidade de enunciações normativas de cunho genérico, condicionam, orientam a compreensão do sistema jurídico, quer para a sua aplicação e integração, quer para a elaboração de novas normas.[51]

---

[49] ABBAGNANO, Nicola. *Dicionário de filosofia*. Tradução da primeira edição brasileira coordenada e revista por Alfredo Bosi; revisão e tradução dos novos textos Ivone Castilho Benedetti - 4ª edição, 2ª tiragem. São Paulo: Martins Fontes, 2004, p. 792.

[50] REALE, Miguel. *Lições preliminares de direito*. São Paulo: Saraiva, 1998, pp. 299-300.

[51] LEITE, Flávia Piva Almeida. *O meio ambiente e a política nacional de resíduos sólidos Infraestrutura e o futuro no século XXI: desafios e oportunidades para os empresários desenvolverem as estruturas econômicas junto com as administrações públicas e a inegável melhoria nas condições de vida do povo brasileiro*. Rio de Janeiro: Editora

A grande maioria dos princípios contemplados na PNRS está contida na gama dos princípios que regem o Direito Ambiental, a fim de proporcionar cada vez mais o direito ao ambiente saudável e ecologicamente equilibrado. Os princípios passam a ser a síntese dos valores abrigados no ordenamento jurídico; estes valores são opções ético-sociais básicas, que presidem a ordem pública, jurídica, econômica, social e cultural; norteiam decisões políticas fundamentais. Espelham os fins básicos da sociedade e são os alicerces do sistema jurídico.

A seguir, pode-se conhecer quais os princípios contemplados na PNRS, assim elencados no art. 6º, da Lei 12.305/2010:

> Art. 6º São princípios da Política Nacional de Resíduos Sólidos:
>
> I - a prevenção e a precaução;
>
> II - o poluidor-pagador e o protetor-recebedor;
>
> III - a visão sistêmica, na gestão dos resíduos sólidos, que considere as variáveis ambiental, social, cultural, econômica, tecnológica e de saúde pública;
>
> IV - o desenvolvimento sustentável;
>
> V - a ecoeficiência, mediante a compatibilização entre o fornecimento, a preços competitivos, de bens e serviços qualificados que satisfaçam as necessidades humanas e tragam qualidade de vida e a redução do impacto ambiental e do consumo de recursos

---

Lumen Juris, 2015, p. 69.

naturais a um nível, no mínimo, equivalente à capacidade de sustentação estimada do planeta;

VI - a cooperação entre as diferentes esferas do poder público, o setor empresarial e demais segmentos da sociedade;

VII - a responsabilidade compartilhada pelo ciclo de vida dos produtos;

VIII - o reconhecimento do resíduo sólido reutilizável e reciclável como um bem econômico e de valor social, gerador de trabalho e renda e promotor de cidadania;

IX - o respeito às diversidades locais e regionais;

X - o direito da sociedade à informação e ao controle social;

XI - a razoabilidade e a proporcionalidade.

Dos princípios acima relacionados, merecem destaque alguns, sobre quais se passa a tratar:

a) **Prevenção e Precaução** - ambos são basilares no Direito Ambiental, especialmente à prioridade que deve ser considerada às medidas que evitem o nascimento de agressões ao meio ambiente, de maneira a reduzir ou eliminar ações potencialmente ofensivas a sua qualidade. Como asseveram CARLOS ROBERTO VIEIRA DA SILVA FILHO e FABRÍCIO DORADO SOLER:

> O intuito externado por meio do princípio da prevenção é priorizar a precaução do risco de dano em detrimento da sua remediação. De

acordo com esse princípio, se há suspeita de que alguma ação relacionada aos resíduos sólidos pode ensejar danos, os responsáveis devem antecipar-se a isso e aplicar as medidas preventivas. A externalização do princípio da prevenção se dá por meio de estudos de impacto ambiental.

(...)

O princípio da precaução torna-se imprescindível na medida em que a reparação de um dano ambiental é difícil e nem sempre possível, além de certamente mais custosa do que se tivesse sido evitada.[52]

Convém considerar que há uma divergência doutrinária a respeito destes dois princípios: Prevenção e Precaução. De acordo com as sábias palavras do doutrinador ÉDIS MILARÉ:

> (...) há juristas que se referem ao princípio da prevenção, enquanto outros reportam-se ao princípio da precaução. Há, também, os que usam ambas as expressões supondo ou não diferença entre elas. Com efeito, há cambiantes semânticos entre essas expressões, ao menos no que se refere à etimologia. Prevenção é substantivo do verbo prevenir (do latim *prae*=antes e *venire*=vir, chegar), e significa ato ou efeito de antecipar-se, chegar antes; induz uma conotação de generalidade, simples antecipação no tempo, é verdade, mas com intuito conhecido. Precaução é substantivo do verbo precaver-se (do latim *prae*=antes e *cavere*=tomar cuidado), e sugere cuidados antecipados com o desconhecido, cautela para que uma atitude ou ação não venha a concretizar-se ou a resultar em efeitos indesejáveis.

---

[52] RESÍDUOS SÓLIDOS: o que diz a lei. COMPLETAR CITAÇÃO.

(...)

De maneira sintética, podemos dizer que a prevenção trata de riscos ou impactos já conhecidos pela ciência, ao passo que a precaução se destina a gerir riscos ou impactos desconhecidos. Em outros termos, enquanto a prevenção trabalha com o risco certo, a precaução vai além e se preocupa com o risco incerto. Ou ainda, a prevenção se dá em relação ao perigo concreto, ao passo que a precaução envolve perigo abstrato.

b) **Poluidor-Pagador** e **Protetor-Recebedor** - no princípio do Poluidor-Pagador, busca-se imputar ao poluidor - pessoa física ou jurídica - o custo social da poluição por ele gerada, concebendo assim um mecanismo de responsabilidade por dano ecológico - abrangendo todos os efeitos do dano causado, não somente sobre bens e pessoas, mas sobre a natureza.

Esse princípio não tem por escopo tolerar a poluição mediante determinado valor pecuniário, pago pelo poluidor, mas, sim, evitar causas potencialmente danosas ao meio ambiente. Nesta linha, leciona ÉDIS MILARÉ:

> Nesta linha, o pagamento pelo lançamento de efluentes, por exemplo, não alforria condutas inconsequentes, de modo a ensejar o descarte de resíduos fora dos padrões e das normas ambientais. A cobrança só pode ser efetuada sobre o que tenha respaldo na lei, pena de se admitir o direito de poluir. Trata-se do princípio *poluidor-pagador* (poluiu, paga os danos), e não pagador-poluidor (pagou, então pode poluir). Esta colocação gramatical não deixa margem a equívocos ou ambiguidades na interpretação do princípio.

Já CARLOS ROBERTO VIEIRA DA SILVA FILHO e FABRÍCIO DORADO SOLER concluem que:

> Do princípio do poluidor-pagador decorre que os custos relacionados à gestão de resíduos sólidos devem ser suportados pelo seu gerador, ou seja, o responsável pela produção de um determinado resíduo é também responsável por custear as ações necessárias a seu adequado gerenciamento e destinação. Nisso, incluem-se os cidadãos que, ao produzirem resíduos domiciliares, devem arcar com os custos de seu gerenciamento, conforme disciplina do poder público municipal. E mais, aplica-se a esse princípio o conceito da responsabilidade compartilhada pelo ciclo de vida do produto.

Quanto ao Protetor-Recebedor, busca-se justamente o efeito contrário, em relação ao Poluidor-Pagador, ou seja, quem agir em favor do meio ambiente poderá alistar-se como beneficiário, a fim de receber uma recompensa.

O objetivo deste princípio é de incentivar, através de recompensa, aqueles que contribuem para minimizar os impactos ambientais, inclusive restaurando o meio ambiente.

c) **Visão sistêmica** - Como bem conceituaram CARLOS ROBERTO VIEIRA DA SILVA FILHO e FABRÍCIO DORADO SOLER:

> O conceito de visão sistêmica foi transposto para a gestão de resíduos sólidos com o sentido de registrar que, nesse processo, se deve proceder com a compreensão do sistema como um todo, já que várias forças e campos da ciência se inter-relacionam quando o assunto é resíduo. Por intermédio do princípio da visão sistêmica, a

busca por soluções acontece de maneira integrada, a partir da consideração das variáveis mencionadas na lei, permitindo a avaliação da interferência de cada uma delas entre si e no resultado final. De acordo com o texto legal, no processo de planejamento e decisório para a gestão de resíduos sólidos, os responsáveis devem sempre levar em consideração as particularidades e condições ambientais, sociais, culturais, econômicas e de saúde pública.

d) **Desenvolvimento sustentável** – O cerne deste princípio é que haja um ideal de um desenvolvimento equilibrado – onde se dê a evolução socioeconômica, e se possa aplicar técnicas de uso do meio ambiente com o menor impacto ambiental possível. Baseado numa tríade/tripé, considerados componentes básicos: ambiental, social e econômico; o Princípio do Desenvolvimento Sustentável busca o encaminhamento de ações destinadas ao desenvolvimento – ação inerente da economia e da sociedade, porém, com a utilização ordenada e equilibrada, de forma racional, visando preservá-los, ao máximo, e não os esgotar, em prol não só do meio ambiente ecologicamente equilibrado, como também que as futuras gerações usem e se beneficiem do mesmo.

O Relatório de Brundtland, documento intitulado Nosso futuro Comum (*Our Common Future*), publicado em 1987, foi pioneiro no uso da expressão "desenvolvimento sustentável", e aponta para um desenvolvimento cuja busca da satisfação das necessidades da geração atual não deve comprometer a capacidade das gerações futuras satisfazerem suas próprias necessidades, como observam SILVA FILHO e SOLER:

Nesse documento, o desenvolvimento sustentável é concebido como: o desenvolvimento que satisfaz as necessidades, sem comprometer a capacidade das gerações futuras de suprir suas próprias necessidades.[53]

Significa possibilitar que as pessoas, agora e no futuro, atinjam um nível satisfatório de desenvolvimento social e econômico e de realização humana e cultural, fazendo, ao mesmo tempo, um uso razoável dos recursos da Terra e preservando as espécies e os habitats naturais.

De acordo com os ensinamentos de Enrique Leff (p. 222), os objetivos do desenvolvimento sustentável exigem uma mudança nos valores que orienta comportamento dos agentes econômicos e da sociedade em seu conjunto, além da transformação dos conhecimentos da inovação de tecnologias para resolver os problemas ambientais.

e) **Ecoeficiência** – Princípio baseado no entendimento de que é necessário produzir mais bens e serviços com menos recursos, gerando menos resíduos e poluição.

Nesse princípio é estabelecida uma relação entre processo produtivo e responsabilidade – em que emerge uma combinação de ações otimizadas e racionalizadas capaz de proporcionar o aumento de desempenho econômico e produtivo – sem que o resulte em impacto ambiental.

f) **Cooperação entre os setores – Administração Pública, empresas e sociedade** – O legislador pretende, ao unir a Administração

---

53   SILVA FILHO, Carlos Roberto Vieira da/SOLER, Carlos Dourado. Gestão de resíduos sólidos: o que diz a lei. Trevisan Editora, São Paulo: 2013, 2ed, p. 33.

Pública ao setor empresarial e à sociedade, prever a necessidade de estabelecimento de uma relação baseada na colaboração entre os indivíduos e a organização para lidar com os resíduos sólidos.

g) **Responsabilidade comparada pelo ciclo de vida dos produtos –** É um dos mais importantes princípios, pois é a harmonia entre todos: indivíduos, sociedade, Poder Público e meio ambiente. Este princípio contempla a implementação dos sistemas de logística reversa.

h) **Resíduo sólido reutilizável e reciclável: bem econômico de valor social –** Este princípio visa acabar com o preconceito aos resíduos sólidos por uma questão cultural e consuetudinária, a sociedade, em geral, não atribui valor nem pecuniário nem social. A ideia é reverter da mente e do costume humano de que algo que tenha sido usado e descartado posteriormente, não necessariamente, possa ser reutilizado ou reciclado – inclusive como objeto e trabalho, em potencial, para geração de emprego e renda.

i) **Respeito às diversidades locais e regionais –** Os resíduos sólidos são gerados, indistintamente, por todos, contudo, eles devem submeter-se aos processos de gestão e gerenciamento adequados às condições e às peculiaridades de cada localidade – visando às características do seu povo e à capacidade de pagamento (dessa pretensa gestão).

j) **Direito à informação e ao controle social –** O legislador fez questão de frisar – desta vez como um princípio – o direito da sociedade à informação e ao controle social, descartando totalmente o sigilo de informações sobre toda a gama de aspectos que envolvem resíduos sólidos, do alcance de conhecimento da sociedade, bem como aos instrumentos de controle social.

k) **Razoabilidade e proporcionalidade** – Este Princípio manifesta que as competências administrativas só podem ser validamente exercidas na extensão e intensidade proporcionais ao que seja realmente demandada para o cumprimento da finalidade de interesse público a que estão atreladas.

4.3.2.2 Objetivos

Os objetivos da Política Nacional dos Resíduos Sólidos, Lei n. 12.305/2010, estão relacionados em seu artigo 7º, a saber:

a) Proteção da saúde pública e da qualidade ambiental;

b) Não geração, redução, reutilização, reciclagem e tratamento dos resíduos sólidos, bem como disposição final, ambientalmente adequada aos resíduos;

c) Estímulo à adoção de padrões sustentáveis de produção e consumo de bens e serviços;

d) Adoção, desenvolvimento e aprimoramento de tecnologias limpas, como forma de minimizar impactos ambientais;

e) Redução do volume e da periculosidade dos resíduos perigosos;

f) Incentivo à indústria de reciclagem – tudo em vista para fomentar o uso de matérias-primas e insumos derivados de materiais recicláveis e reciclados;

g) Desenvolvimento e aprimoramento de tecnologias limpas, como forma de minimizar os impactos ambientais.

4.3.2.4 Instrumentos

Baseado nos ensinamentos de LUÍS PAULO SIRVINSKAS, em sua obra Manual de Direito Ambiental (2008), a disposição dos resíduos sólidos está relacionada à limpeza pública. Sendo assim, pode-se considerar ser um item de grande importância à saúde pública.

Compete à União, Estados e ao Distrito Federal legislar, fixando diretrizes gerais sobre a defesa e a proteção da saúde (artigo 24, inciso XII, CF/1988); muito embora, a tarefa de limpeza pública seja atribuída aos Municípios, conforme o art. 30, inciso I, da CF/1988.

O primeiro instrumento legal a esse respeito deu-se com o advento da Lei 2.312, de 3 de setembro de 1954 – dispunha sobre a coleta, o transporte e o destino do lixo, sob o ponto de vista da proteção da saúde e bem-estar social. Posteriormente, o então Ministério do Interior, através da Portaria n.

053, de 10.03.1979, estabeleceu critérios para a disposição de resíduos sólidos.

No âmbito da PNRS, a Lei 12.305/2010 dispõe que:

Art. 8º São instrumentos da Política Nacional de Resíduos Sólidos, entre outros:

I - os planos de resíduos sólidos;

II - os inventários e o sistema declaratório anual de resíduos sólidos;

III - a coleta seletiva, os sistemas de logística reversa e outras ferramentas relacionadas à implementação da responsabilidade compartilhada pelo ciclo de vida dos produtos;

IV - o incentivo à criação e ao desenvolvimento de cooperativas ou de outras formas de associação de catadores de materiais reutilizáveis e recicláveis;

V - o monitoramento e a fiscalização ambiental, sanitária e agropecuária;

VI - a cooperação técnica e financeira entre os setores público e privado para o desenvolvimento de pesquisas de novos produtos, métodos, processos e tecnologias de gestão, reciclagem, reutilização, tratamento de resíduos e disposição final ambientalmente adequada de rejeitos;

VII - a pesquisa científica e tecnológica;

VIII - a educação ambiental;

IX - os incentivos fiscais, financeiros e creditícios;

X - o Fundo Nacional do Meio Ambiente e o Fundo Nacional de Desenvolvimento Científico e Tecnológico;

XI - o Sistema Nacional de Informações sobre a Gestão dos Resíduos Sólidos (Sinir);

XII - o Sistema Nacional de Informações em Saneamento Básico (Sinisa);

XIII - os conselhos de meio ambiente e, no que couber, os de saúde;

XIV - os órgãos colegiados municipais destinados ao controle social dos serviços de resíduos sólidos urbanos;

XV - o Cadastro Nacional de Operadores de Resíduos Perigosos;

XVI - os acordos setoriais;

XVII - no que couber, os instrumentos da Política Nacional de Meio Ambiente, entre eles:

a) os padrões de qualidade ambiental;

b) o Cadastro Técnico Federal de Atividades Potencialmente Poluidoras ou Utilizadoras de Recursos Ambientais;

c) o Cadastro Técnico Federal de Atividades e Instrumentos de Defesa Ambiental;

d) a avaliação de impactos ambientais;

e) o Sistema Nacional de Informação sobre Meio Ambiente (Sinima);

f) o licenciamento e a revisão de atividades efetiva ou potencialmente poluidoras;

XVIII - os termos de compromisso e os termos de ajustamento de conduta; XIX - o incentivo à adoção de consórcios ou de outras formas de cooperação entre os entes federados, com vistas à elevação das escalas de aproveitamento e à redução dos custos envolvidos.

4.4 O PAPEL DO PODER PÚBLICO NA POLÍTICA NACIONAL DE RESÍDUOS SÓLIDOS

Ficou visto no capítulo 2 que a questão dos resíduos sólidos, no Brasil, é tratada pela Constituição Federal, a partir de dois pontos de vista: do saneamento básico e do meio ambiente.

Essa dualidade de visões de um mesmo objeto, contudo, não altera a distribuição de competências entre os diversos entes da federação - União, Estados e Municípios - uma vez que a Constituição Federal atribui a tais entes competência comum de atuação, ou seja, todos eles estão obrigados a atuar na proteção ao meio ambiente e na promoção de programas de saneamento básico. Essa atuação, entretanto, não se deve dar de maneira desordenada. Ao contrário, ver-se-á, a seguir, que a cada uma dessas esferas estatais são atribuídas funções específicas.

A Política Nacional de Resíduos Sólidos, seguindo o desenho traçado para outras matérias em que há competência comum, encarrega a União de atividades mais gerais, inclusive de planificação, deixando tarefas mais específicas para os Estados, o Distrito Federal e os Municípios.

4.4.1 A esfera Federal

4.4.1.1 O Plano Nacional de Resíduos Sólidos

No âmbito da Política Nacional de Resíduos Sólidos, cabe à União, dentre outras atividades, a elaboração do Plano Nacional de Resíduos Sólidos.

A coordenação do plano cabe ao Ministério do Meio Ambiente, o que não significa que o órgão seja o único encarregado de sua elaboração. Ao contrário disso, o próprio Decreto 7.404/2010, que regulamenta a Lei 12.305/2010, prevê que o Plano Nacional será elaborado por um Conselho Interministerial, do qual participam, além do Ministério do Meio Ambiente, responsável pela coordenação do Conselho (art. 3º):

a) a Casa Civil da Presidência da República;

b) o Ministério das Cidades;

c) o Ministério do Desenvolvimento Social e Combate à Fome;

d) o Ministério da Saúde;

e) o Ministério de Minas e Energia;

f) o Ministério da Fazenda;

g) o Ministério do Planejamento, Orçamento e Gestão;

h) o Ministério do Desenvolvimento, Indústria e Comércio Exterior;

i) o Ministério da Agricultura, Pecuária e Abastecimento;

j) o Ministério da Ciência e Tecnologia; e

k) a Secretaria de Relações Institucionais da Presidência da República.

Pela quantidade e diversidade dos órgãos envolvidos, vê-se a complexidade e a multidisciplinariedade das questões tratadas no Plano Nacional de Resíduos Sólidos. Nessa linha, a Lei 12.305/2010 previu ainda que o Plano Nacional de Resíduos Sólidos seria elaborado mediante processo de mobilização e participação social, incluindo a realização de audiências e consultas públicas (art. 15, parágrafo único).

Com prazo indeterminado de vigência, e horizonte de 20 (vinte) anos, a ser atualizado a cada 4 (quatro) anos, o Plano Nacional deve ter o seu conteúdo em conformidade com a Lei 12.305/2010, que prevê a inclusão dos seguintes tópicos, no mínimo (art. 15):

I - diagnóstico da situação atual dos resíduos sólidos;

II - proposição de cenários, incluindo tendências internacionais e macroeconômicas;

III - metas de redução, reutilização, reciclagem, entre outras, com vistas a reduzir a quantidade de resíduos e rejeitos encaminhados para disposição final ambientalmente adequada;

IV - metas para o aproveitamento energético dos gases gerados nas unidades de disposição final de resíduos sólidos;

V - metas para a eliminação e recuperação de lixões, associadas à inclusão social e à emancipação econômica de catadores de materiais reutilizáveis e recicláveis;

VI - programas, projetos e ações para o atendimento das metas previstas;

VII - normas e condicionantes técnicas para o acesso a recursos da União, para a obtenção de seu aval ou para o acesso a recursos administrados, direta ou indiretamente, por entidade federal, quando destinados a ações e programas de interesse dos resíduos sólidos;

VIII - medidas para incentivar e viabilizar a gestão regionalizada dos resíduos sólidos;

IX - diretrizes para o planejamento e demais atividades de gestão de resíduos sólidos das regiões integradas de desenvolvimento instituídas por lei complementar, bem como para as áreas de especial interesse turístico;

X - normas e diretrizes para a disposição final de rejeitos e, quando couber, de resíduos;

XI - meios a serem utilizados para o controle e a fiscalização, no âmbito nacional, de sua implementação e operacionalização, assegurado o controle social.

No *site* do Ministério do Meio Ambiente é possível ter acesso a uma versão preliminar do Plano Nacional, de agosto de 2012, que vem sendo objeto de debates, críticas e sugestões, com vistas ao seu aperfeiçoamento, para posterior implementação, via Decreto Presidencial. Em sua apresentação, o documento se anuncia como *"um dos instrumentos mais importantes da Política Nacional"*, e explica que tal importância se faz sentir, na medida que:

> (..) identifica os problemas dos diversos tipos de resíduos gerados, as alternativas de gestão e gerenciamento passíveis de implementação, indicando planos de metas, programas e ações para mudanças positivas sobre o quadro atual.

> O documento do Plano Nacional de Resíduos Sólidos aqui apresentado, objeto de discussão em 05 (cinco) audiências públicas regionais, 01 (uma) audiência pública nacional e consulta pública via internet, é o resultado deste esforço.

> Trazer para a discussão tantos atores, com posicionamentos diferentes e muitas vezes opostos, e conseguir estabelecer diretrizes e metas consensuadas não é tarefa fácil. Porém, ciente da importância e da urgência em se propor soluções para um problema de tamanha dimensão, o MMA coordenou as ações e a elaboração deste Plano Nacional de Resíduos Sólidos, que ao estabelecer diretrizes, estratégias, metas, programas e ações, dá concretude à Política Nacional de Resíduos Sólidos e aos seus instrumentos.

> Como não poderia deixar de ser, o Plano Nacional de Resíduos Sólidos mantém estreita relação com outros planos nacionais tais como o de Mudanças do Clima (PNMC), de Recursos Hídricos

(PNRH), de Produção e Consumo Sustentável (PPCS) e também se harmoniza com a Política Nacional de Educação Ambiental e com a proposta de Plano Nacional de Saneamento Básico – PLANSAB, evidenciando, desse modo, a abrangência e complexidade do tema em questão.

De fato, por várias razões, é essencial a existência de um Plano Nacional acerca das políticas públicas do país voltadas para os resíduos sólidos. Trata-se de um tema multidisciplinar em sua essência, uma vez que, como já demonstrado em capítulos anteriores, tem repercussão sanitária, ambiental, social, econômica, dentre outras.

Além disso, em um país continental, como o Brasil, organizado sob a forma federativa, é fundamental que a União trace os paradigmas de atuação estatal que irão balizar as ações de Estados, Distrito Federal e Municípios.

Ainda em suas considerações preliminares, o Plano Nacional disponível no *site* do MMA destaca:

> Compete ao Comitê, cuja coordenação é exercida pelo Ministério do Meio Ambiente (MMA), elaborar e avaliar a implementação do Plano Nacional de Resíduos Sólidos, sendo que a elaboração da versão do Plano deve estar embasada em estudos que o fundamentem.
>
> É neste contexto que o MMA e o Instituto de Pesquisa Econômica Aplicada (IPEA) iniciaram o processo de elaboração de um Diagnóstico da Situação Atual dos Resíduos Sólidos no Brasil, parte do conteúdo mínimo do Plano Nacional de resíduos Sólidos. Como o prazo legal estabelecido no Decreto 7.404 não permite a geração de dados primários, o estudo elaborado pelo IPEA trata da compilação

de dados existentes e análises de coerência entre as fontes, além da elaboração de estimativas próprias baseadas em dados primários pré-existentes. Além de técnicos do IPEA, participaram da elaboração do Diagnóstico especialistas contratados no Programa de Pesquisa para o Desenvolvimento Nacional (PNPD) e houve orientação do próprio Comitê.

Da totalidade do Plano Nacional aqui referido, obviamente que interessa mais de perto ao presente trabalho a parte relativa aos Resíduos Sólidos Urbanos (RSU), na forma definida pela Política Nacional de Resíduos Sólidos, conforme visto no Capítulo 1.

Nesse sentido, o item 1.1 do Plano Nacional dedica-se ao diagnóstico de resíduos sólidos urbanos, observando que tal diagnóstico é analisado sob três universos:

> (...) o primeiro considera o país como unidade de análise, o segundo trabalha com as cinco regiões brasileiras e o último considera o porte do município, definido em função da população. Nesse caso, foram considerados como municípios de pequeno porte aqueles que possuíam população total menor que 100 mil habitantes; municípios de médio porte aqueles com mais de 100 mil e menos que 1 milhão de habitantes, e por fim, municípios de grande porte aqueles com população acima de 1 milhão de habitantes.

Destaque-se, neste ponto, que o Plano trabalha com uma realidade que se altera a cada ano. Aliás, tem-se alterado, ao longo dos últimos anos no sentido do crescimento constante da quantidade de resíduos coletados, mas também da quantidade de resíduos produzidos.

Elaborado com base em dados colhidos até o ano de 2008, o documento reconhece que as informações sobre a quantidade de RSU coletada apresentaram relevante inconsistência, o que dificultou as análises. Mas também, nota-se que os dados colhidos indicam um aumento da quantidade, em termos absolutos e relativos, em todas as regiões, com exceção da Região Sudeste:

Tabela 1 – Estimativa da quantidade resíduos sólidos domiciliares

Unidade de análise	Quantidade de resíduos coletados (t/dia)		Quantidade de resíduos por habitante urbano (kg/hab.dia)	
	2000	2008	2000	2008
Brasil	149.094,30	183.481,50	1,1	1,1
Norte	10.991,40	14.637,30	1,2	1,3
Nordeste	37.507,40	47.203,80	1,1	1,2
Sudeste	74.094,00	68.179,10	1,1	0,9
Sul	18.006,20	37.342,10	0,9	1,6
Centro-Oeste	8.495,30	16.119,20	0,8	1,3

Fonte: Elaborado a partir de Datasus (2011) e IBGE (2002, 2010a)

Além do levantamento de dados acerca da quantidade de resíduos sólidos urbanos coletados, o diagnóstico do Plano Nacional ocupa-se também de outros indicadores importantes, tais como: a coleta seletiva, a destinação dos resíduos coletados e o impacto econômico dessas atividades em cada região.

Ponto digno de destaque refere-se ao *"contexto em que ocorre a atividade de catação de recicláveis no Brasil, apontando caminhos para a inclusão social dos catadores, sustentabilidade econômica de sua atividade e desenho de uma política pública eficaz voltada a esta categoria".*

A partir do diagnóstico, o Plano Nacional considera cenários, que fazem a *"descrição de um futuro – possível, imaginável ou desejável –, a partir de hipóteses ou possíveis perspectivas de eventos, com características de narrativas, capazes de uma translação da situação de origem até a situação futura".* O Plano Nacional também dedica especial atenção à Educação Ambiental.

No diagnóstico, a Educação Ambiental é apontada como instrumento fundamental de política pública nesta área temática, exigindo novos conhecimentos, olhares e posturas de toda a sociedade. E acrescenta:

> Para que as diretrizes da PNRS sejam obedecidas e as metas do PNRS alcançadas, são necessários ainda instrumentos e metodologias de sensibilização e mobilização capazes de influenciar os vários segmentos da sociedade, inclusive os profissionais da área e a população como um todo. Este papel de sensibilização e mobilização cabe à Educação Ambiental e o marco legal neste tema para o território brasileiro é a Lei 9795, da Política Nacional de Educação Ambiental, estabelecida em 27 de abril de 1999. Esta considera "educação ambiental como "os processos por meio dos quais o indivíduo e a coletividade constroem valores sociais, conhecimentos, habilidades, atitudes e competências voltadas para a conservação do meio ambiente, bem de uso comum do povo, essencial à sadia qualidade de vida e sua sustentabilidade". A Política Nacional de Resíduos Sólidos, por sua vez, coloca a Educação Ambiental como diretriz no seu Art. 2º, inciso IV, o que

sinaliza a importância deste quesito para a PNRS e para a elaboração do Plano Nacional de Resíduos Sólidos, assim como, dos planos decorrentes.

Depois, um capítulo inteiro do Plano é dedicado à Educação Ambiental, destacando o seu papel transformador, e propondo estratégias para sua implementação, como se vê nesse trecho:

> Consoante com os procedimentos adotados na formulação participativa deste plano, a educação ambiental também trabalha com princípios democráticos, como a participação social, o pluralismo de ideias, a inter, a multi e a transdisciplinaridade, bem como o respeito às diversidades regionais, culturais e políticas. Portanto, a capacitação técnica e a mobilização educativa por parte dos diferentes níveis da gestão compartilhada – federal, estadual, distrital, regional ou municipal; privada, consorciada, cooperativa, em parceria com órgãos de proteção, defesa e educação dos consumidores - devem incentivar a participação e o exercício de uma cidadania renovada. Iniciativas que não apenas informem e treinem, mas que também formem, capacitem e envolvam todos os segmentos sociais com essa nova cultura. Um esforço que busca o encerramento dos lixões e a recuperação das áreas afetadas, mas que também procura debater o conceito de lixo, reduzindo-o drasticamente e reconceituando-o como rejeito, além de promover a reinserção dos resíduos no sistema produtivo.

Após a abordagem da Educação Ambiental, o Plano Nacional de Resíduos Sólidos passa a estabelecer **diretrizes** e **estratégias**, dentre as quais observam-se os seguintes tópicos relacionados aos resíduos sólidos urbanos: a) Disposição Final Ambientalmente Adequada de Rejeitos; b)

Redução da Geração de Resíduos Sólidos Urbanos; c) Redução dos Resíduos Sólidos Urbanos Secos dispostos em aterros sanitários e Inclusão de Catadores de Materiais Reutilizáveis e Recicláveis; e d) Redução de Resíduos Sólidos Urbanos Úmidos dispostos em aterros sanitários e Tratamento e Recuperação de Gases em aterros sanitários. Finalmente, passa o Plano Nacional a fixar metas, tais como a eliminação dos lixões e a reabilitação de áreas onde antes funcionavam lixões.

4.4.1.2 Sistemas de Informação

Também na esfera federal, a Política Nacional de Resíduos Sólidos se faz por meio dos sistemas de informação, como o Sistema Nacional de Informações sobre a Gestão dos Resíduos Sólidos (SINIR), o Sistema Nacional de Informações em Saneamento Básico (SINISA) e o Sistema Nacional de Informação sobre Meio Ambiente (SINIMA).

O SINIR, cuja coordenação e articulação cabe ao Ministério do Meio Ambiente, deverá coletar e sistematizar dados relativos aos serviços públicos e privados de gestão e gerenciamento de resíduos sólidos, possibilitando o monitoramento, a fiscalização e a avaliação da eficiência da gestão e gerenciamento dos resíduos sólidos, inclusive dos sistemas de logística reversa. O sistema ocupa-se ainda da avaliação dos resultados, impactos e acompanhamento das metas definidas nos planos, e a informação à sociedade sobre as atividades da Política Nacional.

O SINISA será uma evolução do Sistema Nacional de Informações sobre Saneamento; o atual SNIS, que reúne informações e indicadores sobre a prestação dos serviços de água, esgotos e manejo de resíduos sólidos provenientes dos prestadores que operam no Brasil.

O Sistema Nacional de Informação sobre Meio Ambiente (SINIMA) é um dos instrumentos da Política Nacional da Meio Ambiente, previsto no inciso VII do artigo 9º da Lei nº 6.938/81. O referido sistema é considerado pela Política de Informação do MMA como a plataforma conceitual baseada na integração e compartilhamento de informações entre os diversos sistemas existentes ou a construir no âmbito do SISNAMA (Lei n. 6.938/81), conforme Portaria nº 160 de 19 de maio de 2009.

4.4.1.3 Outras formas de atuação do Poder Público Federal

Além das já citadas formas de atuação no âmbito da Política Nacional de Resíduos Sólidos, o Poder Público Federal dispõe ainda de vários outros instrumentos, tais como: os incentivos fiscais, financeiros e creditícios, tanto a entes públicos como privados.

O desenvolvimento de pesquisas e o apoio à elaboração de projetos no âmbito do Mecanismo de Desenvolvimento Limpo - MDL ou quaisquer outros mecanismos decorrentes da Convenção Quadro de Mudança do Clima das Nações Unidas são também ferramentas, das quais a União Federal pode lançar mão.

A lei também autoriza as instituições financeiras federais a criar linhas especiais de financiamento para:

> I - cooperativas ou outras formas de associação de catadores de materiais reutilizáveis e recicláveis, com o objetivo de aquisição de máquinas e equipamentos utilizados na gestão de resíduos sólidos;
>
> II - atividades destinadas à reciclagem e ao reaproveitamento de resíduos sólidos, bem como atividades de inovação e desenvolvimento relativas ao gerenciamento de resíduos sólidos; e
>
> III - atendimento a projetos de investimentos em gerenciamento de resíduos sólidos.

4.4.2 Estadual

A Política Nacional de Resíduos Sólidos prevê o planejamento de atividade também no âmbito estadual. E demonstra a importância desse planejamento, ao prever, no artigo 16 da Lei 12.305/2010, que a elaboração do plano estadual de resíduos sólidos é condição para os Estados terem acesso *"a recursos da União, ou por ela controlados, destinados a empreendimentos e serviços relacionados à gestão de resíduos sólidos, ou para serem beneficiados por incentivos ou financiamentos de entidades federais de crédito ou fomento para tal finalidade"*. A Lei incentiva ainda a instituição de microrregiões, para integrar a organização, o planejamento e a execução das ações a cargo de Municípios limítrofes na gestão dos resíduos sólidos (art. 16, § 1º).

A criação de microrregiões já era autorizada pela Constituição Federal de 1988, cujo § 3º do art. 25 prevê que os Estados as poderão criar, por meio de lei complementar, *"regiões metropolitanas, aglomerações urbanas e microrregiões, constituídas por agrupamentos de municípios limítrofes, para integrar a organização, o planejamento e a execução de funções públicas de interesse comum"*.

A Lei 12.305/2010 prevê ainda, em seu artigo 17, que o plano estadual de resíduos sólidos seja elaborado para ter vigência por prazo indeterminado, com projeção de atuação de vinte anos e revisões a cada quatro anos. A abrangência do plano corresponde à totalidade do território do Estado, devendo constar:

> I - diagnóstico, incluída a identificação dos principais fluxos de resíduos no Estado e seus impactos socioeconômicos e ambientais;

> II - proposição de cenários;

> III - metas de redução, reutilização, reciclagem, entre outras, com vistas a reduzir a quantidade de resíduos e rejeitos encaminhados para disposição final ambientalmente adequada;

> IV - metas para o aproveitamento energético dos gases gerados nas unidades de disposição final de resíduos sólidos;

> V - metas para a eliminação e recuperação de lixões, associadas à inclusão social e à emancipação econômica de catadores de materiais reutilizáveis e recicláveis;

VI - programas, projetos e ações para o atendimento das metas previstas;

VII - normas e condicionantes técnicas para o acesso a recursos do Estado, para a obtenção de seu aval ou para o acesso de recursos administrados, direta ou indiretamente, por entidade estadual, quando destinados às ações e programas de interesse dos resíduos sólidos;

VIII - medidas para incentivar e viabilizar a gestão consorciada ou compartilhada dos resíduos sólidos;

IX - diretrizes para o planejamento e demais atividades de gestão de resíduos sólidos de regiões metropolitanas, aglomerações urbanas e microrregiões;

X - normas e diretrizes para a disposição final de rejeitos e, quando couber, de resíduos, respeitadas as disposições estabelecidas em âmbito nacional;

XI - previsão, em conformidade com os demais instrumentos de planejamento territorial, especialmente o zoneamento ecológico-econômico e o zoneamento costeiro, de:

a) zonas favoráveis para a localização de unidades de tratamento de resíduos sólidos ou de disposição final de rejeitos;

b) áreas degradadas em razão de disposição inadequada de resíduos sólidos ou rejeitos a serem objeto de recuperação ambiental;

XII - meios a serem utilizados para o controle e a fiscalização, no âmbito estadual, de sua implementação e operacionalização, assegurado o controle social.

4.4.3 Municipal

Os municípios brasileiros devem estar estruturados para tratar de questões de gestão ambiental, fazendo-se compreender que as mudanças de comportamento em relação ao meio ambiente foram uma necessidade surgida no fim do século XX, e tornou-se imperativa para todos os setores, permanecendo assim nos dias de hoje.

Da forma que acontece em relação aos Estados, a Política Nacional de Resíduos Sólidos prevê o planejamento da atividade de gestão dos resíduos também no âmbito municipal. Neste caso o PNRS condiciona o acesso a recursos federais destinados a empreendimentos e serviços relacionados à limpeza urbana e ao manejo de resíduos sólidos, à *"elaboração de plano municipal de gestão integrada de resíduos sólidos"*.

Em harmonia com o incentivo à instituição de microrregiões, previsto no âmbito estadual, o PNRS dá prioridade de acesso aos recursos da União aos Municípios que *"optarem por soluções consorciadas intermunicipais para a gestão dos resíduos sólidos, incluída a elaboração e implementação de plano intermunicipal, ou que se inserirem de forma voluntária nos planos microrregionais de resíduos sólidos referidos no § 1º do art. 16"*.

O PNRS prevê ainda a priorização de recursos federais para os municípios que *"implantarem a coleta seletiva com a participação de cooperativas ou outras formas de associação de catadores de materiais reutilizáveis e recicláveis formadas por pessoas físicas de baixa renda"*. Este aspecto do plano mantém estreita relação com outro tema, a ser abordado mais adiante, quando se tratar da participação do terceiro setor e da dimensão intersetorial na execução das políticas públicas de planejamento e de gestão dos resíduos sólidos.

É notória, porém, a qualquer habitante mais atento dos grandes centros urbanos brasileiros, a importância do trabalho de catadores e suas cooperativas e associações na implementação de sistemas de coleta seletiva, e, consequentemente, nas atividades voltadas para a reutilização e reciclagem.

A Lei 12.305/2010 fixa o conteúdo mínimo do Plano Municipal de Gestão Integrada de Resíduos Sólidos, relacionando os seguintes itens:

> I - diagnóstico da situação dos resíduos sólidos gerados no respectivo território, contendo a origem, o volume, a caracterização dos resíduos e as formas de destinação e disposição final adotadas;
>
> II - identificação de áreas favoráveis para disposição final ambientalmente adequada de rejeitos, observado o plano diretor de que trata o § 1o do art. 182 da Constituição Federal e o zoneamento ambiental, se houver;
>
> III - identificação das possibilidades de implantação de soluções consorciadas ou compartilhadas com outros Municípios,

considerando, nos critérios de economia de escala, a proximidade dos locais estabelecidos e as formas de prevenção dos riscos ambientais;

IV - identificação dos resíduos sólidos e dos geradores sujeitos a plano de gerenciamento específico nos termos do art. 20 ou a sistema de logística reversa na forma do art. 33, observadas as disposições desta Lei e de seu regulamento, bem como as normas estabelecidas pelos órgãos do Sisnama e do SNVS;

V - procedimentos operacionais e especificações mínimas a serem adotados nos serviços públicos de limpeza urbana e de manejo de resíduos sólidos, incluída a disposição final ambientalmente adequada dos rejeitos e observada a Lei nº 11.445, de 2007;

VI - indicadores de desempenho operacional e ambiental dos serviços públicos de limpeza urbana e de manejo de resíduos sólidos;

VII - regras para o transporte e outras etapas do gerenciamento de resíduos sólidos de que trata o art. 20, observadas as normas estabelecidas pelos órgãos do Sisnama e do SNVS e demais disposições pertinentes da legislação federal e estadual;

VIII - definição das responsabilidades quanto à sua implementação e operacionalização, incluídas as etapas do plano de gerenciamento de resíduos sólidos a que se refere o art. 20 a cargo do poder público;

IX - programas e ações de capacitação técnica voltados para sua implementação e operacionalização;

X - programas e ações de educação ambiental que promovam a não geração, a redução, a reutilização e a reciclagem de resíduos sólidos;

XI - programas e ações para a participação dos grupos interessados, em especial das cooperativas ou outras formas de associação de catadores de materiais reutilizáveis e recicláveis formadas por pessoas físicas de baixa renda, se houver;

XII - mecanismos para a criação de fontes de negócios, emprego e renda, mediante a valorização dos resíduos sólidos;

XIII - sistema de cálculo dos custos da prestação dos serviços públicos de limpeza urbana e de manejo de resíduos sólidos, bem como a forma de cobrança desses serviços, observada a Lei nº 11.445, de 2007;

XIV - metas de redução, reutilização, coleta seletiva e reciclagem, entre outras, com vistas a reduzir a quantidade de rejeitos encaminhados para disposição final ambientalmente adequada;

XV - descrição das formas e dos limites da participação do poder público local na coleta seletiva e na logística reversa, respeitado o disposto no art. 33, e de outras ações relativas à responsabilidade compartilhada pelo ciclo de vida dos produtos;

XVI - meios a serem utilizados para o controle e a fiscalização, no âmbito local, da implementação e operacionalização dos planos de gerenciamento de resíduos sólidos de que trata o art. 20 e dos sistemas de logística reversa previstos no art. 33;

XVII - ações preventivas e corretivas a serem praticadas, incluindo programa de monitoramento;

XVIII - identificação dos passivos ambientais relacionados aos resíduos sólidos, incluindo áreas contaminadas, e respectivas medidas saneadoras;

XIX - periodicidade de sua revisão, observado prioritariamente o período de vigência do plano plurianual municipal.

No município de Fortaleza, o Plano Municipal de Gestão Integrada de Resíduos Sólidos começou a ser elaborado em janeiro de 2007, vindo a ser concluído em 2012. Assunto que se tratará no capítulo 4.

4.5 A INICIATIVA PRIVADA

A participação da iniciativa privada na Política Nacional de Resíduos Sólidos acontece de diversas maneiras, as quais vão desde o cumprimento das normas impostas pelo estado até a busca de nichos de negócio em busca de lucros.

4.5.1 Imposição de deveres

No que diz respeito ao cumprimento das normas impostas pelos entes estatais, a Política Nacional de Resíduos Sólidos, estabelecida pela Lei 12.305/2010, traz situações muito claras de imposições ao setor privado, especialmente às empresas geradoras de grandes quantidades resíduos ou resíduos potencialmente perigosos.

É o que se vê quando o art. 20 da Lei impõe a elaboração de um **plano de gerenciamento de resíduos sólidos** aos geradores das seguintes espécies de resíduos:

a) resíduos dos serviços públicos de saneamento básico, exceto os domiciliares e de limpeza urbana;

b) resíduos gerados nos processos produtivos e instalações industriais;

c) resíduos gerados nos serviços de saúde;

d) resíduos de mineração, ou seja, gerados na atividade de pesquisa, extração ou beneficiamento de minérios.

O mesmo ocorre em relação a empresas de construção civil, dentre outras, e estabelecimentos comerciais e de prestação de serviços que:

a) gerem resíduos perigosos;

b) gerem resíduos que, mesmo caracterizados como não perigosos, por sua natureza, composição ou volume, não sejam equiparados aos resíduos domiciliares pelo poder público municipal;

Em todos esses casos, a Lei determina (art. 21) que o ente privado elabore plano de gerenciamento de resíduos sólidos, para o qual fixa conteúdo mínimo, composto dos seguintes itens:

I - descrição do empreendimento ou atividade;

II - diagnóstico dos resíduos sólidos gerados ou administrados, contendo a origem, o volume e a caracterização dos resíduos, incluindo os passivos ambientais a eles relacionados;

III - observadas as normas estabelecidas pelos órgãos do Sisnama, do SNVS e do Suasa e, se houver, o plano municipal de gestão integrada de resíduos sólidos:

a) explicitação dos responsáveis por cada etapa do gerenciamento de resíduos sólidos;

b) definição dos procedimentos operacionais relativos às etapas do gerenciamento de resíduos sólidos sob responsabilidade do gerador;

IV - identificação das soluções consorciadas ou compartilhadas com outros geradores;

V - ações preventivas e corretivas a serem executadas em situações de gerenciamento incorreto ou acidentes;

VI - metas e procedimentos relacionados à minimização da geração de resíduos sólidos e, observadas as normas estabelecidas pelos órgãos do Sisnama, do SNVS e do Suasa, à reutilização e reciclagem;

VII - se couber, ações relativas à responsabilidade compartilhada pelo ciclo de vida dos produtos, na forma do art. 31;

VIII - medidas saneadoras dos passivos ambientais relacionados aos resíduos sólidos;

IX - periodicidade de sua revisão, observado, se couber, o prazo de vigência da respectiva licença de operação a cargo dos órgãos do Sisnama.

Além da obrigatoriedade de adoção de planos de gerenciamento, a PNRS prevê também a imposição de outras ações a serem adotadas pelas empresas, em relação aos resíduos. Essas ações podem ocorrer em qualquer das fases do gerenciamento dos resíduos sólidos, ou seja, voltadas para a não geração, a redução, a reutilização, a reciclagem, o tratamento dos resíduos sólidos e a disposição final ambientalmente adequada dos rejeitos.

É o caso da obrigatoriedade de Art. 33. , no que diz respeito em estruturar e implementar sistemas de **logística reversa** aos fabricantes, importadores, distribuidores e aos comerciantes de (art. 33, da Lei 12.305/2010):

> I - agrotóxicos, seus resíduos e embalagens, assim como outros produtos cuja embalagem, após o uso, constitua resíduo perigoso, observadas as regras de gerenciamento de resíduos perigosos previstas em lei ou regulamento, em normas estabelecidas pelos órgãos do Sisnama, do SNVS e do Suasa, ou em normas técnicas;
>
> II - pilhas e baterias;
>
> III - pneus;
>
> IV - óleos lubrificantes, seus resíduos e embalagens;
>
> V - lâmpadas fluorescentes, de vapor de sódio e mercúrio e de luz mista;

VI - produtos eletroeletrônicos e seus componentes.

Não é escopo deste trabalho aprofundar o debate em torno de aspectos técnicos desses mecanismos, razão pela qual são citados apenas a título de exemplo, para demonstrar a abrangência da PNRS.

4.5.2 Oportunidades de negócio

Mas as empresas não participam da PNRS apenas cumprindo os deveres legais que lhes são impostos.

É fato notório que a necessidade de tratamento dos resíduos gera todo um nicho de mercado, que pode ser explorado de formas bastante variadas pela iniciativa privada.

No livro "Resíduos sólidos: problema ou oportunidade?", DANIEL VÉRAS RIBEIRO e MÁRCIO RAYMUNDO MORELLI observam (p. 59/60):

> É certo que o ideal seria a não geração de resíduos. No entanto, apesar de pensamentos utópicos defenderem esta ideia, dificilmente os processos industriais deixarão de gerá-los. Então, restam duas possibilidades: buscar reduzir a geração ou buscar alternativas economicamente viáveis para reutilizar e/ou reciclar esses rejeitos.
>
> As empresas têm-se esforçado nessas duas vertentes de tomada de dicções, seja melhorando seus processos para reduzir a geração ou investindo em projetos que viabilizem utilizar seus resíduos em outros processos ou até mesmo dentro da empresa. Serão apresentados alguns casos de sucesso neste intuito, seja de forma

setorial (latas, alumínio, garrafas PET, sacolas plásticas, papel, etc.) ou pontual (empresas que divulgaram seu sucesso na reutilização/reciclagem dos resíduos gerados.

Não é necessário muito esforço para deduzir **que,** quando as empresas começaram a perceber que poderiam obter lucros com o gerenciamento de seus resíduos, abriram-se oportunidades para que outras empresas oferecessem um serviço específico para esse tipo de gerenciamento. Esses serviços vão desde consultorias ambientais a processadoras de materiais recicláveis, passando por uma infinidade de atividades cada vez mais diversificadas, uma vez que se trata de um mercado ainda em formação.

No que diz respeito às consultorias, elas orientam as empresas sobre como selecionar os seus resíduos, de forma a fazer deles uma fonte de renda. As consultorias elaboram planos de gestão dos resíduos e elaboram projetos voltados para o reaproveitamento de materiais.

Quanto ao processamento dos materiais recicláveis, um exemplo emblemático é o da construção civil, assim comentado por DANIEL VÉRAS RIBEIRO e MÁRCIO RAYMUNDO MORELLI (p. 64):

> O setor da economia que mais emprega no Brasil é o da construção civil. O desempenho da chamada "indústria da construção" é um forte indicador de crescimento do país, à medida que são necessários investimentos em infraestrutura e novas construções para que haja crescimento.

No entanto, a construção civil também é uma das maiores geradoras de resíduos. Estima-se que, atualmente, 61% do lixo (em massa) produzido pelas cidades brasileiras são provenientes de rejeitos e subprodutos da construção civil. Isso corresponde a uma produção de 90 milhões de toneladas/ano de resíduo.

Apesar desta quantidade alarmante de resíduos gerados, a construção civil também é um dos setores que possuem maior possibilidade de inserir resíduos em seu processo produtivo. Seja no coprocessamento, na produção de cimento (5% de todos os resíduos gerados nos diversos setores têm essa finalidade) ou incorporados nos mais diversos artefatos, tais como telhas, blocos, meios-fios, tubulações, bloquetes, argamassas e concretos. Assim, além de utilizar rejeitos dos mais diversos processos, a construção civil também reutiliza grande parte de seus próprios resíduos. Cidades como São Paulo já possuem obrigatoriedade da utilização de agregados reciclados em obras públicas.

Mas a atuação das empresas na PNRS também tem grande destaque na prestação de serviços aos próprios entes públicos, como na coleta e destinação dos resíduos sólidos urbanos.

Nesse aspecto, valiosos são os dados colhidos pela Associação Brasileira de Empresas de Limpeza Pública e Resíduos Especiais – ABRELPE – associação civil sem fins lucrativos, que congrega várias empresas que atuam nos serviços de limpeza urbana e manejo de resíduos sólidos, apresentando-se com a missão de *"promover o desenvolvimento técnico-operacional da gestão de resíduos no Brasil"*. (http://www.abrelpe.org.br/abrelpe_quemsomos.cfm, consultado em

16.09.2017, às 10:40). Anualmente, desde 2003, a ABRELPE apresenta relatório intitulado Panorama dos Resíduos Sólidos no Brasil, o qual reúne importante dados a respeito da matéria em todo o Brasil.

4.5.3 Parcerias Público-Privadas (PPP)

A rigor, a parceria público-privada (PPP) é um elo entre um ente público e um ente privado, este último assume a realização e o cumprimento de determinadas atividades de interesse do povo, mediante remuneração advinda da cobrança de tarifas dos usuários, em contrapartida à prestação do serviço realizada pela Administração.

As parcerias público-privadas podem ser constituídas sob duas modalidades distintas:

> (...) PPP patrocinada e PPP administrativa, sendo tal classificação vinculada essencialmente à forma de remuneração do parceiro privado.

> É certo que, seja qual for a modalidade de PPP, o Poder Público assume compromissos (especialmente financeiros), relevantes. Desse modo, a adoção da parceria público-privada somente atenderá ao interesse público (e só será legítima) se forem descartadas todas as demais alternativas de contratação da iniciativa privada pela administração pública, inclusive a concessão comum de serviço público.

A modalidade patrocinada nada mais é do que a própria concessão, prevista na Lei n. 8.987/1995, quando, além da tarifa paga pelo usuário, envolver contraprestação pecuniária do parceiro público.

A maior diferença entre a modalidade patrocinada e a concessão comum é a que diz respeito à remuneração, tendo em vista que, na primeira, a previsão de contraprestação pelo parceiro público.

(...)

A modalidade administrativa é encampada pelos contratos de prestação de serviços, tendo de um lado, como ofertante, o parceiro privado, e de outro lado, como consumidor do serviço, a Administração Pública (de forma direta ou indireta).[54]

As parcerias público-privadas (PPP) podem otimizar a formação de consórcios intermunicipais para garantir os investimentos necessários. Ter-se-ia como consequência o ganho de escala e propiciar-se-ia o atendimento às metas propostas com maior facilidade, principalmente no que se refere à erradicação de lixões e à disposição final ambientalmente adequada. Além do mais, permitiria a participação de entes privados que apresentem interesse e capacidade de investir no setor, podendo otimizar os investimentos necessários em projetos com maior eficiência e, assim, acelerar a adequação da situação dos resíduos sólidos urbanos ao estabelecido pela PNRS.

---

[54] PUBLIC-PRIVATE INFRAESTRUTURE ADVISORY FACILITY-PPIAF. Resíduos Sólidos urbanos, p. 27, *apud* GESTÃO INTEGRADA DE RESÍDUOS SÓLIDOS POR MEIO DAS PPPS: GARANTIA DO DIREITO FUNDAMENTAL AO MEIO AMBIENTE EQUILIBRADO, Romeu Thomé e Vinícius Ramos, *in* Revista Internacional de Direito Ambiental, Ano IV, número 11, maio-agosto/2015, p. 271.

Após a pesquisa para a elaboração deste estudo, percebeu-se que há espaço para aumentar a participação privada no desenvolvimento do setor. Desta forma, instrumentos contratuais entre o Poder Público e o Poder Privado serão de grande valia para o incremento dos investimentos, de forma que possam ser realizados de modo mais rápido (exclusos processos burocráticos), contribuindo para o ganho de bem-estar social e principalmente, para a proteção do meio ambiente equilibrado e da saúde pública.

4.6 O TERCEIRO SETOR: A SOCIEDADE CIVIL ORGANIZADA

A expressão 'terceiro setor' tem sido utilizada para designar o grupo formado por entidades como associações e fundações voltadas para a geração, prestação de serviços públicos, sem fins lucrativos que atuam em um espaço, no qual a atividade estatal propriamente dita não se mostra eficaz. O terceiro setor diferencia-se do setor público, pois não se configura como ação estatal, mas não é propriamente setor privado, uma vez que os recursos privados são utilizados em finalidades públicas.

Encontram-se no terceiro setor organizações de caráter voluntário, entidades filantrópicas, movimentos de inspiração ecológica e tantos outros criados com o objetivo de alcançar resultados sociais e públicos, que favoreçam a busca do bem comum.

No caso da gestão dos resíduos sólidos, o terceiro setor ocupa importante espaço através da atuação de catadores de material reciclável, geralmente organizados em associações ou cooperativas.

Numa tese apresentada no Programa de Pós-Graduação em Sociologia da Universidade Federal do Rio Grande do Sul, como requisito parcial à obtenção do título de Doutora em Sociologia, intitulada **"Trabalhadores na reciclagem do lixo: dinâmicas econômicas, socioambientais e políticas na perspectiva de empoderamento"**, Clitia Helena Backx Martins faz importantes anotações acerca da origem e estruturação das associações de trabalhadores de reciclagem de resíduos (p. 82/83):

> A atividade de separar e catar lixo nas cidades apresenta-se como uma forma de ocupação antiga e conhecida: coletando resíduos diretamente da rua, em monturos, em pilhas de rejeitos ou em "lixões" — nos locais onde estes ainda subsistem —, os catadores informais atuam em condições de trabalho extremamente insalubres, precárias e desagregadas. Carregando até 200kg de material em cada viagem, seu rendimento depende, em grande parte, do tipo e da quantidade de lixo urbano, variável conforme o tamanho de cada cidade e a época do ano. O material reciclável recolhido por eles, principalmente papel, papelão e alumínio, é repassado a sucateiros — intermediários no processo de coleta e reciclagem de materiais —, que exploram o trabalho dos catadores de rua, cuja remuneração pelo material coletado se mantém próxima ao nível de subsistência (Calderoni, 1998).

> Como Calderoni aponta, as perspectivas dos catadores de rua e dos carrinheiros são limitadas pela "situação de clandestinidade ou semiclandestinidade" em que eles se encontram, constituindo-se sua atividade em "uma alternativa à marginalidade" (Calderoni, 1998, p. 298).

Nesse contexto, como esclarece Bhowmik (2002, p. 380), o trabalho de recolher e separar resíduos, na Índia, é considerado "uma ocupação suja", exercida apenas pelos membros das castas hierarquicamente mais baixas, que são tratados como "proscritos" pelos demais habitantes das cidades. Na Colômbia, onde os catadores urbanos são pejorativamente denominados "descartáveis" pelo resto da população, aconteceram, até a década de 90, processos de extermínio dessas pessoas por grupos armados, em operações qualificadas como "limpeza social" (Rodríguez, 2002).

Não obstante essa origem marginalizada da atividade, os catadores vêm descobrindo e ocupando o seu espaço na sociedade hodierna, pressionada pelo impacto da geração dos resíduos sobre a saúde pública e o meio ambiente. Surge, assim, um caminho de mão dupla, no qual populações excluídas de empregos formais encontram uma ocupação que lhes garanta o sustento e, ao mesmo tempo, seja relevante para o tecido social.

Assim é que Clitia Martins prossegue em suas anotações:

> Ainda assim, como Bhowmik (2002, p. 375) assinala, para vastos setores da população — "os mais pobres entre os pobres" urbanos, com mais baixo status, e com uma presença predominante de mulheres e crianças —, a coleta de lixo nas ruas representa, muitas vezes, a única fonte de sobrevivência.
>
> Entretanto uma alternativa para a absorção dessas pessoas, em uma perspectiva que se aproxima da ideia de economia solidária, tem sido a geração de postos de trabalho através da criação de associações (ou pré-cooperativas) de catadores/recicladores de resíduos sólidos. A recuperação de resíduos assume uma

importância considerável como possibilidade de ocupação para populações excluídas em países em desenvolvimento, havendo, dentre outros, estudos e relatos sobre casos de cooperativas e associações de catadores na Índia e na Colômbia, onde, conforme Grimberg e Blauth (1998), cerca de 6.500 trabalhadores se beneficiam dessa atividade, além da análise de diversos exemplos brasileiros.

De acordo com Calderoni (1998), a formação de associações ou cooperativas de catadores consiste em uma relevante inovação institucional, pois permite uma melhora nos ganhos desses trabalhadores em relação ao trabalho de catação de rua e os torna menos vulneráveis nas negociações com as indústrias ou com os intermediários que compram o material reciclável. Desse modo, atividades caracterizadas originariamente por formas de trabalho precário e não organizado, efetuado por setores marginalizados da população, vêm se configurando como uma possibilidade de geração de postos de trabalho e de renda.4 Associando-se, os catadores passam a trabalhar em galpões estruturados para a separação dos resíduos e para algumas tarefas de pré-beneficiamento dos materiais. Ressalva-se, contudo, que, mesmo em municípios onde já existem galpões de reciclagem e coleta seletiva oficial, uma parcela considerável dos resíduos recicláveis é ainda coletada por catadores de rua e repassada a intermediários.

O processo de triagem/reciclagem nos galpões, ou processo de "separação fina", é intensivo em mão-de-obra, sem exigir qualificação específica prévia. A reciclagem, mais do que uma atividade privada com fins lucrativos, é considerada uma atividade que gera amplos benefícios socioambientais, tanto pelo aspecto relativo ao cuidado com o meio ambiente quanto à sua importância na geração de ocupação e renda para uma população que nunca teve acesso ou que foi excluída do mercado de trabalho formal.

No Brasil, surgiu em 1999, o Movimento Nacional dos Catadores(as) de Materiais Recicláveis (MNCR), com o 1º Encontro Nacional de Catadores de Papel. Segundo dados colhidos no *site* do próprio MNCR, no ano de 2003 aconteceu o 1º Congresso Latino-americano de Catadores em Caxias do Sul – RS, que reuniu catadores(as) de diversos países, e em 2005, o 2º Congresso Latino – Americano de Catadores(as), uma continuidade da articulação latina que abre novas frentes de luta na busca de direitos para os catadores de outros países da América Latina.

O *site* do MNCR (http://www.mncr.org.br/sobre-o-mncr/sua-historia) relata ainda a Marcha em Brasília, realizada em março de 2006:

> (...) o MNCR realizou uma grande marcha até Brasília levando suas demandas para o Governo Federal, exigindo a criação de postos de trabalho em cooperativas e associações bases orgânicas do movimento. Esse evento se tornou um marco histórico da luta dos catadores no Brasil, cerca de 1.200 catadores marcharam na Esplanada dos Ministérios e levaram as autoridades suas reivindicações. A meta é a criação de 40 mil novos postos de trabalho para catadores e catadoras de todo o Brasil.

Com a edição da Lei 12.305/2010, a Política Nacional de Resíduos Sólidos passou a prever expressamente o desenvolvimento de programas e ações para a participação de cooperativas ou outras formas de associação de catadores de materiais reutilizáveis e recicláveis formadas por pessoas físicas de baixa renda, como parte do conteúdo mínimo a ser adotado pelos planos municipais de gestão integrada de resíduos sólidos.

4.7 A DIMENSÃO INTERSETORIAL: RESPONSABILIDADE COMPARTILHADA

Como visto nos itens anteriores, a Política Nacional de Resíduos Sólidos requer ações a serem desenvolvidas, não apenas pelo Estado, mas também pela iniciativa privada e pelo Terceiro Setor.

Dito isto, importa ressaltar que essas ações não ocorrem de forma isolada, mas, ao contrário, estão todas inter-relacionadas, de forma a dirigir os esforços em direção aos objetivos traçados pela PNRS, assim relacionados no art. 8º da Lei 12.305/2010:

> I - proteção da saúde pública e da qualidade ambiental;
>
> II - não geração, redução, reutilização, reciclagem e tratamento dos resíduos sólidos, bem como disposição final ambientalmente adequada dos rejeitos;
>
> III - estímulo à adoção de padrões sustentáveis de produção e consumo de bens e serviços;
>
> IV - adoção, desenvolvimento e aprimoramento de tecnologias limpas como forma de minimizar impactos ambientais;
>
> V - redução do volume e da periculosidade dos resíduos perigosos;
>
> VI - incentivo à indústria da reciclagem, tendo em vista fomentar o uso de matérias-primas e insumos derivados de materiais recicláveis e reciclados;
>
> VII - gestão integrada de resíduos sólidos;

VIII - articulação entre as diferentes esferas do poder público, e destas com o setor empresarial, com vistas à cooperação técnica e financeira para a gestão integrada de resíduos sólidos;

IX - capacitação técnica continuada na área de resíduos sólidos;

X - regularidade, continuidade, funcionalidade e universalização da prestação dos serviços públicos de limpeza urbana e de manejo de resíduos sólidos, com adoção de mecanismos gerenciais e econômicos que assegurem a recuperação dos custos dos serviços prestados, como forma de garantir sua sustentabilidade operacional e financeira, observada a Lei nº 11.445, de 2007;

XI - prioridade, nas aquisições e contratações governamentais, para:

a) produtos reciclados e recicláveis;

b) bens, serviços e obras que considerem critérios compatíveis com padrões de consumo social e ambientalmente sustentáveis;

XII - integração dos catadores de materiais reutilizáveis e recicláveis nas ações que envolvam a responsabilidade compartilhada pelo ciclo de vida dos produtos;

XIII - estímulo à implementação da avaliação do ciclo de vida do produto;

XIV - incentivo ao desenvolvimento de sistemas de gestão ambiental e empresarial voltados para a melhoria dos processos produtivos e ao reaproveitamento dos resíduos sólidos, incluídos a recuperação e o aproveitamento energético;

XV - estímulo à rotulagem ambiental e ao consumo sustentável.

De fato, considerada a ordem de prioridade da gestão e do gerenciamento de resíduos sólidos – 1) não geração; 2) redução; 3) reutilização; 4) reciclagem; 5) tratamento; 6) disposição final ambientalmente adequada dos rejeitos (art. 9º) – nem o Poder Público, nem tampouco as entidades privadas, isoladamente, teriam condições de cumprir esse desiderato.

Mas, a Lei 12.305/2010 aprofunda o detalhamento normativo a esse respeito, ao trazer expressamente a noção de responsabilidade compartilhada, merecendo registro pela clareza da ocorrência do fenômeno, o artigo 25 da referida Lei:

> Art. 25. **O poder público, o setor empresarial e a coletividade são responsáveis pela efetividade das ações voltadas para assegurar a observância da Política Nacional de Resíduos Sólidos e das diretrizes e demais determinações estabelecidas nesta Lei e em seu regulamento.**

Comentando a inovação trazida pela Lei 12.305/2010, CARLOS ROBERTO VIEIRA DA SILVA FILHO e FABRÍCIO DORADO SOLER observam:

> A responsabilidade compartilhada, já conceituada pela Lei, assume papel de primordial importância para a consecução de seus objetivos e para a efetivação da sistemática nela prevista, consolidando-se como um dos pilares da PNRS.
>
> Esse instituto inovador da PNRS, que está alinhado com o princípio da hierarquia na gestão de resíduos lança as bases para a viabilização dos sistemas de logística reversa, tem objetivos próprios, que estão enumerados na Lei Federal n. 12.305/2010. Entre eles, destacam-se: promover o aproveitamento dos resíduos, direcionando-os para uma nova cadeia produtiva; reduzir a geração de resíduos sólidos, o desperdício de materiais, a poluição e os

danos ambientais; incentivar o uso de insumos de menor agressividade ao meio ambiente de maior sustentabilidade; estimular o desenvolvimento de mercado, a produção e o consumo de produtos de materiais reciclados e recicláveis, e incentivar as boas práticas de responsabilidade socioambiental.

Esses objetivos, juntamente com outras obrigações expressamente dispostas na PNRS, devem pautar a atuação das partes envolvidas, a saber, fabricantes, importadores, distribuidores, comerciantes, consumidores e titulares dos serviços de limpeza urbana e de manejo de resíduos, principalmente no tocante às necessárias adaptações aos processos produtivos, de comercialização e consumo.

Sobressai, assim, a responsabilidade compartilhada como fundamental para que a PNRS alcance seus objetivos, envolvendo a colaboração de todos, Estado e sociedade, em favor do bem comum.

5 EDUCAÇÃO AMBIENTAL

A repercussão de vários problemas de saúde da população ligados a impactos ambientais, os quais são causados pelas formas de produção e apropriação dos recursos naturais, gerou uma discussão ambientalista sobre as relações de poder, fazendo com que a comunidade científica e política fossem postas em confronto para repensar o modelo de desenvolvimento da época atual e para o futuro.

Esta nova fase de construção de uma política ambiental menos degradadora teve como marco, a Conferência de Estocolmo Sobre o Ambiente Humano, em 1972 (Friends of the Earth – EARTH, 1972), em que foram traçados os três pilares - econômico, social e ambiental - que indicam a necessidade do equilíbrio para um desenvolvimento efetivo e sustentável.

Com o passar dos tempos e dos acontecimentos de degradação ambiental, a sociedade e o Poder Público têm percebido a necessidade da conscientização e do engajamento social para a promoção da Educação Ambiental. Esta é prática necessária para a construção de um mundo onde os pilares – econômico; social e ambiental – estejam em equilíbrio. Contudo, o cerne da questão repousa na conscientização e no engajamento social para a promoção dessa educação.

Não há outro caminho, senão pela conscientização da coletividade, o que inclui as famílias, as empresas (notadamente as indústrias) e o próprio Poder Público, com a implementação das políticas públicas para amenizar os danos já causados ao meio ambiente. Sendo assim, a Educação Ambiental é fundamental para reparar o que ainda for possível de ser reparado e para preservar o que necessita ser preservado, e, principalmente, para fazer com que a sociedade se comporte de forma sustentável junto ao meio ambiente.

Segundo ENRIQUE LEFF, no livro SABER AMBIENTAL (p. 222):

> (...) os objetivos do desenvolvimento sustentável exigem uma mudança nos valores que orientam o comportamento dos agentes econômicos e da sociedade em seu conjunto, além da transformação do conhecimento e da inovação de tecnologias para resolver os problemas ambientais.
>
> A sensibilização da sociedade, a incorporação do saber ambiental emergente no sistema educacional e a formação de recursos humanos de alto nível foram considerados processos fundamentais para orientar e instrumentar as políticas ambientais.

Um momento histórico, que merece destaque, foi a Conferência Intergovernamental sobre Educação Ambiental, promovida pela UNESCO, realizada na cidade de Tblisi, Geórgia, ocorrida em 1977. Esse evento foi considerado um dos mais significativos sobre Educação Ambiental no mundo, tendo como resultado a ratificação da interdependência entre os seres humanos e os fenômenos complexos. Isto significa que a ideia de meio ambiente, a partir daquele evento, passou a envolver também o espaço, os aspectos sociais, políticos, econômicos, científicos e tecnológicos, assim como valores éticos e estéticos. A Educação Ambiental não valida a noção de meio ambiente apenas para o hoje, mas para o futuro em construção por todos, e em prol da coletividade.

A Segunda Conferência Internacional Sobre Meio Ambiente e Desenvolvimento Humano, promovida pela UNESCO, aconteceu no Rio de Janeiro, em 1992, e teve como principal tema a discussão sobre o desenvolvimento sustentável, problemas existentes, progressos realizados após vinte anos da Primeira Conferência (Estocolmo), e sobre como reverter o processo de degradação ambiental.

A partir da ECO-92, uma série de convenções, acordos e protocolos foram firmados durante o evento, com destaque para a Agenda 21 – que comprometia as nações signatárias a dotar métodos de proteção ambiental, justiça social e eficiência econômica, com o objetivo de melhorar as condições de vida no planeta (LOPES,2006)[55].

Entre a Conferência Intergovernamental sobre a Educação Ambiental de Tiblish (1977) e a Rio-92, ocorreram outros eventos significativos, os quais trataram da mesma temática, realizados em países como: Rússia, Grécia, Colômbia, Costa Rica, Argentina, entre outros[56].

Dentre os assuntos mais abordados nesses eventos destacavam-se: a formação, na perspectiva ambiental; metodologias pedagógicas pertinentes à Educação Ambiental para a capacitação de professores, estudantes e a

---

[55]   LOPES, José Sérgio Leite. Sobre processos de "ambientação" dos conflitos e sobre dilemas da participação. Horiz. Antropologia. Vol. 12, n. 25, Porto Alegre. Disponível em www.scielo.br/. Acesso em 26.04.2014.

[56]   Na Conferência de Tbilish definiu-se a Educação Ambiental como uma dimensão dada ao conteúdo e à prática da educação orientada para a resolução dso problemas concretos do meio-ambiente, através de enfoques interdisciplinares e de uma participação ativa e responsável de cada indivíduo e da coletividade.

disseminação do conhecimento e informações nos diversos espaços; e o estabelecimento de políticas públicas para o desenvolvimento da Educação Ambiental, com base nas especificidades regionais dos países[57].

A Educação Ambiental tem se desenvolvido não apenas no campo formal, mas também através de iniciativas informais e não formais. São muitas as disciplinas escolares e políticas de uso dos recursos e programas sociais que de alguma maneira propõem boas práticas de convivência com o meio ambiente, preparando-o para as futuras gerações. Nessas iniciativas, os temas enfrentados vão desde a economia de água à reciclagem e reutilização de materiais, passando pela produção consciente e consumo dos alimentos, energia, agronegócio, reflorestamento e desflorestamento urbano e rural, comunicando-se, assim, com diferentes públicos.

A publicação Parâmetros Curriculares Nacionais (PCN), disponível no Portal do Ministério da Educação, propõe a inserção do Tema Transversal Meio-Ambiente nos currículos escolares, partindo, para tanto, da seguinte premissa:

> Para o *PCN: Tema Transversal Meio Ambiente*, a principal função do professor ao trabalhar esse tema é contribuir para a *formação de cidadãos conscientes*, aptos a decidir e a atuar na realidade socioambiental de um modo comprometido com a vida, com o bem-estar de cada um e da sociedade, local e global. Para isso, é necessário que, mais do que informações e conceitos, o educador

---

[57] DECLARAÇÃO DE TBILISH – Algumas recomendações da Conferência Intergovernamental Sobre Educação Ambiental aos países membros. Tbilish, CEI, de 14 a 26 de outubro de 1977. Disponível em www.mma.gov.br>. Acesso em 22.07.2017.

trabalhe com atitudes, com formação de valores, com o ensino e a aprendizagem de procedimentos.

Quando se fala em *meio ambiente*, há muitas informações, valores e procedimentos aprendidos no *cotidiano dos alunos*. Tudo isso deverá ser trazido e debatido nos trabalhos escolares para que se estabeleçam as relações entre esses dois universos no reconhecimento dos valores expressos por comportamentos, técnicas, manifestações artísticas e culturais. Além disso, o educador precisa buscar informações nos meios de comunicação, como o rádio, a TV e a imprensa, pois estes constituem uma importante fonte de informações para os alunos sobre o meio ambiente.

Os formadores de Educação Ambiental podem e devem aproveitar todas as oportunidades para trazer à tona a temática. Exemplo: o desperdício de água, dentro de casa e na vizinhança; a coleta seletiva de resíduos sólidos; a reciclagem e reutilização de produtos viáveis; a pichação de muros e paredes (poluição visual); o som excessivamente elevado (poluição sonora) e outros.

A referência a formadores de Educação Ambiental é mais abrangente que a ideia de professor, alcançando toda pessoa inserida em um contexto social, e consciente de seu papel no meio ambiente, e na sua comunidade. Sua formação pode ter se dado em bancos escolares, mas também pelo convívio com outras pessoas, pela sua busca pessoal, pelos meios de comunicação de massa e pela sua própria condição de vida.

O fato é que, sem um mínimo de consciência ambiental e engajamento social não se faz Educação Ambiental, pois ela já é a projeção, a realização e o início de um futuro que se deseja, tendo como fundamento a concepção de Paulo Freire (1987), onde a educação (ambiental) é ato político, decorrente da percepção de seu papel no mundo e sua inserção na história.

A crise ambiental gera muito saberes através de estratégias conceituais guiadas para a construção de uma nova racionalidade social, orientada por princípios da democracia, sustentabilidade ecológica, diversidade cultural e equidade social. Isto renova os princípios da Educação Ambiental, e coloca novos desafios futuros para transformar suas orientações, suas estratégias e seus métodos.

Como ensina ENRIQUE LEFF (Saber Ambiental):

> A globalização da degradação socioambiental, impôs a diversas disciplinas científicas o imperativo de internalizar valores e princípios ecológicos que assegurem a sustentabilidade do processo de desenvolvimento.
>
> (...)
>
> O ambiente não é, pois, o meio que circunda as espécies e as populações biológicas. É uma categoria sociológica (e não biológica), relativa a uma racionalidade social, configurada por comportamentos, valores e saberes, como também por nossos potenciais produtivos.

Partindo-se para a legislação protetiva, a segurança do meio-ambiente equilibrado está resguardada por um dispositivo contido no ápice do ordenamento jurídico, que é a Constituição Federal de 1988:

> Art. 225. Todos têm direito ao meio ambiente ecologicamente equilibrado, bem de uso comum do povo e essencial à sadia qualidade de vida, impondo-se ao Poder Público e à coletividade o dever de defendê-lo e preservá- lo para as presentes e futuras gerações.
>
> § 1º Para assegurar a efetividade desse direito, incumbe ao Poder Público:
>
> I - preservar e restaurar os processos ecológicos essenciais e prover o manejo ecológico das espécies e ecossistemas;
>
> II - preservar a diversidade e a integridade do patrimônio genético do País e fiscalizar as entidades dedicadas à pesquisa e manipulação de material genético;
>
> III - definir, em todas as unidades da Federação, espaços territoriais e seus componentes a serem especialmente protegidos, sendo a alteração e a supressão permitidas somente através de lei, vedada qualquer utilização que comprometa a integridade dos atributos que justifiquem sua proteção;
>
> IV - **exigir, na forma da lei, para instalação de obra ou atividade potencialmente causadora de significativa degradação do meio ambiente, estudo prévio de impacto ambiental, a que se dará publicidade;**

V - controlar a produção, a comercialização e o emprego de técnicas, métodos e substâncias que comportem risco para a vida, a qualidade de vida e o meio ambiente;

VI - promover a educação ambiental em todos os níveis de ensino e a conscientização pública para a preservação do meio ambiente;

VII - proteger a fauna e a flora, vedadas, na forma da lei, as práticas que coloquem em risco sua função ecológica, provoquem a extinção de espécies ou submetam os animais a crueldade.

§ 2º Aquele que explorar recursos minerais fica obrigado a recuperar o meio ambiente degradado, de acordo com solução técnica exigida pelo órgão público competente, na forma da lei.

§ 3º As condutas e atividades consideradas lesivas ao meio ambiente sujeitarão os infratores, pessoas físicas ou jurídicas, a sanções penais e administrativas, independentemente da obrigação de reparar os danos causados.

§ 4º A Floresta Amazônica brasileira, a Mata Atlântica, a Serra do Mar, o Pantanal Mato-Grossense e a Zona Costeira são patrimônio nacional, e sua utilização far-se-á, na forma da lei, dentro de condições que assegurem a preservação do meio ambiente, inclusive quanto ao uso dos recursos naturais.

§ 5º São indisponíveis as terras devolutas ou arrecadadas pelos Estados, por ações discriminatórias, necessárias à proteção dos ecossistemas naturais.

§ 6º As usinas que operem com reator nuclear deverão ter sua localização definida em lei federal, sem o que não poderão ser instaladas.

§ 7º Para fins do disposto na parte final do inciso VII do § 1º deste artigo, não se consideram cruéis as práticas desportivas que utilizem animais, desde que sejam manifestações culturais, conforme o § 1º do art. 215 desta Constituição Federal, registradas como bem de natureza imaterial integrante do patrimônio cultural brasileiro, devendo ser regulamentadas por lei específica que assegure o bem-estar dos animais envolvidos. (Incluído pela Emenda Constitucional nº 96, de 2017)

Vê-se, assim, que a Constituição Federal brasileira estabelece a obrigação estatal de promover a Educação Ambiental (art. 225, § 1º, inciso VI). Ela é um dos mais importantes instrumentos para a promoção de proteção ao meio ambiente. O Estado não é capaz de exercer o controle absoluto sobre todas as atividades que, direta ou indiretamente, possam alterar a qualidade ambiental. Por conta dessa falta de controle absoluto, a Educação Ambiental se utiliza da aplicação do princípio de maior relevância no Direito Ambiental: o Princípio da Prevenção.

Evidencia-se que, antes da abordagem na Constituição Federal brasileira de 1988, a temática ambiental fora amparada por outros diplomas legais, de nível infraconstitucional, tais como leis, tratados, resoluções e portarias. Só para citar alguns desses diplomas, a Lei n. 4.771, de 15.09.1965 institui o Código Florestal. A Lei 6.938/1981 estabeleceu a Política Nacional do Meio Ambiente; e aqui, vale ressaltar que esta lei previu *educação ambiental a todos os níveis de ensino, inclusive a educação na comunidade, objetivando capacitá-la para a participação ativa na defesa do meio-ambiente"*, sendo mais tarde incorporada à CF/1988 (art. 225, VI).

A Educação Ambiental também teve seus caminhos alargados após a promulgação da Constituição Federal de 1988, pela Política Nacional da Educação Ambiental, Lei 9.795, de 27.04.1999. Ao estabelecer a Política Nacional de Resíduos Sólidos, a Lei 12.305/2010 declara expressamente que a PNRS *"integra a Política Nacional do Meio Ambiente e articula-se com a Política Nacional de Educação Ambiental, regulada pela Lei nº 9.795, de 27 de abril de 1999"* (art. 5º). De acordo com a referida Lei 12.305/2010, a Educação Ambiental é um dos instrumentos da PNRS (art. 8º, VIII) e item obrigatório dos Planos Municipais de Gerenciamento dos Resíduos Sólidos (art. 19, X).

6 CONCLUSÃO

Uma sociedade sustentável – do ponto de vista ambiental – atende às necessidades atuais de sua população em relação aos alimentos, à água e ao ar limpos, a abrigos e outros recursos básicos, sem comprometer a capacidade das gerações futuras atenderem às suas próprias necessidades, as quais certamente serão diferentes das atuais.

Em face dos impasses presentes à atual conjuntura social, aliados às peculiaridades da condição humana, é urgente a discussão acerca das normas, valores, manifestações culturais e formas de conhecimento em todas as sociedades em relação ao meio ambiente.

A crise ambiental amplia os motivos para que a discussão ocorra com amplitude e profundidade, em busca de um modo de vida sustentável, ou seja, que aos seres humanos satisfazer suas necessidades a partir da renda natural fornecida pelo solo, pelas plantas, pelo ar e pela água, sem exaurir ou degradar as dotações de capital natural da Terra.

A gestão ambiental do desenvolvimento sustentável exige novos conhecimentos interdisciplinares e o planejamento intersetorial do desenvolvimento. Mas, é sobretudo um chamado à ação dos cidadãos para participar na produção de suas condições de existência e em seus projetos de vida, o que se dá por meio de mecanismos previstos nos sistemas legais de cada país, mas, sobretudo pela educação ambiental.

O recente pacto global em prol do meio ambiente, denominado Acordo de Paris (2016), no qual se discutem as bases de uma nova economia (Economia Circular), ao mesmo tempo em que se traçam metas para um futuro sustentável (Objetivos de Desenvolvimento Sustentável – ODS), demonstra o quanto a gestão de resíduos assume um caráter cada vez mais prioritário para a sociedade e o planeta.

No Brasil, a Constituição Federal oferece todas as condições normativas da mais alta proteção legislativa ao meio ambiente, bem como às futuras gerações. Percebe-se que o discurso mudou desde a Carta Magna de 1988, indicando prioridade ao meio ambiente e classificando-o como patrimônio nacional praticamente todos os biomas brasileiros. Essa prioridade foi um avanço, e muitas das Políticas Públicas nacionais, estaduais ou locais visam à sustentabilidade do desenvolvimento, incorporando os condicionantes ambientais.

A Política Nacional dos Resíduos Sólidos, estabelecida pela Lei 12.305/2010, surgiu como um marco regulatório para o setor no país. Mas, em razão do grande volume de investimentos necessários, observa-se que ainda devem ser despendidos muitos esforços para garantir o seu sucesso.

Vale ressaltar os efeitos positivos relacionados aos investimentos da adequada gestão dos resíduos sólidos. Além dos importantes ganhos para os entres públicos, decorrentes da redução nos gastos com saúde, advindos da melhoria das condições sanitárias, há os efeitos positivos sobre o meio ambiente, em razão da preservação de recursos naturais.

A gestão eficiente dos resíduos sólidos tem potencial ainda para gerar empregos, e, portanto, retirar trabalhadores da informalidade, gerando ganhos econômicos para a sociedade.

Verifica-se, porém, que ainda são necessários grandes investimentos para se atingir a universalização da destinação adequada dos resíduos sólidos nos próximos anos.

A ampliação da dimensão participativa nas políticas públicas para o setor de resíduos sólidos urbanos deve ir além da simples busca da concordância da população a modelos pré-definidos, alcançando um verdadeiro compromisso de toda a sociedade com o processo de gestão.

A dimensão participativa é essencial para a viabilidade das soluções encontradas e para a sustentabilidade nos procedimentos operativos técnicos escolhidos, valorizando a criatividade e a capacidade organizativa dos grupos sociais e instituições envolvidas nos mesmos.

No entanto, um dos pontos principais, que é o da Educação Ambiental, ainda tem muito a ser implementado. A evolução para cenários mais sustentáveis exige do Poder Público maior agilidade no seu papel de organizador, facilitador, fiscalizador e regulador das Políticas Públicas, fomentando e interagindo com os demais agentes sociais para que de forma democrática e participativa sejam elaborados os planos de gestão e acordos setoriais que possibilitem o gerenciamento ou o manejamento dos resíduos sólidos de modo mais efetivo. A chave do problema é a Educação Ambiental. Não há como mudar de atitude se não houver uma mudança radical de comportamento por parte da sociedade, habitantes da terra, os maiores responsáveis por tanto desastre ambiental.

O excesso de gás carbônico na atmosfera, proporcionando assim o efeito estufa, descongelamento de geleiras, por conta de aquecimento global; o crescimento desordenado da população, trazendo com isto, o esgotamento cada vez pais rápido dos recursos naturais; uma produção inconsequente de produtos industriais, causando poluição à atmosfera, e gerando cada vez mais resíduos sólidos etc.

É preciso parar e mudar radicalmente de atitude. Já é tarde, mas, se agir radicalmente e rápido, pode-se ter uma pequena chance de evitar que os desastres naturais sejam ainda maiores.

REFERÊNCIAS

ASSOCIAÇÃO BRASILEIRA DE LIMPEZA PÚBLICA E RESÍDUOS ESPECIAIS. **Panorama dos Resíduos Sólidos no Brasil,** 2013. Disponível em: <www.abrelpe.org.br>. Acesso em: 20 maio2017.

ABREU, Maria de Fátima. **Do lixo à cidadania:** estratégias para a ação. Brasília: UNICEF; Caixa Econômica Federal, 2001.

AGENDA 21 BRASILEIRA. Comissão de Políticas de Desenvolvimento Sustentável e da Agenda 21 Nacional. **Ações Prioritárias.** Brasília, 2002.

ALBUQUERQUE, Paulo Peixoto. Associativismo. In: CATTANI, Antonio David (Org.). **A outra economia.** Porto Alegre: Veraz, 2003.

ALVA, Eduardo Neira. **Metrópoles (in)sustentáveis.** Rio de Janeiro: Relume Dumará, 1997.

ALVES, Carlos Augusto de Azambuja. Unidades de triagem de resíduos sólidos no município de Porto Alegre — 12 anos depois. In: SEMINÁRIO NACIONAL DE RESÍDUOS SÓLIDOS, 6., Gramado. **Anais...** Porto Alegre: ABES, 2002.

BARBOSA, Maria Lígia de Oliveira. A sociologia das profissões: em torno da legitimidade de um objeto. **Boletim Informativo e Bibliográfico de Ciências Sociais,** Rio de Janeiro, n. 36, p. 3-32, 1993.

BARROS, Luiz. Os desafios do Terceiro Setor. **Diário do Comércio,** São Paulo, 30 jul. 2003. Disponível em: <http://net.dcomercio.com.br>. Acesso em: 19 nov. 2003.

BECK, Ulrich. **O que é globalização.** São Paulo: Paz e Terra, 1999.

BHOWMIK, Sharit. As cooperativas e a emancipação dos marginalizados: estudos de caso de duas cidades na Índia. In: SANTOS, Boaventura de Sousa (Org.). **Produzir para viver:** os caminhos da produção não capitalista. Rio de Janeiro: Civilização Brasileira, 2002.

BRAGA, Tânia. Principais limitações à internalização da dimensão ambiental nas práticas urbanas. In: ENCONTRO NACIONAL DA ANPUR, 9., Rio de Janeiro. **Anais...** Rio de Janeiro: ANPUR, 2001, v. 3, p. 1322-1333.

BRASIL. Ministério do Meio Ambiente. **Cidades sustentáveis:** subsídios à elaboração da Agenda 21 brasileira. Brasília: MMA, 2000.

BRASIL. Ministério do Meio Ambiente. **Declaração de Tbilish**: Algumas recomendações da Conferência Intergovernamental Sobre Educação Ambiental aos países membros. Tbilish, CEI, de 14 a 26 de outubro de 1977. Disponível em <www.mma.gov.br>. Acesso em: 19 nov. 2016.

BRASIL. Ministério da Educação. **PCN - Parâmetros Curriculares Nacionais**: Tema Transversal Meio Ambiente. Disponível em <https://www.cpt.com.br>. Acesso em: 19 nov. 2016.

BUCCI, Maria Paula Dallari. Gestão democrática da cidade. In: DALLARI, Adilson Abreu; FERRAZ, Sérgio. **Estatuto da Cidade:** comentários à Lei Federal 10.257/2001. São Paulo: Malheiros Editores, 2002. p. 322-341.

BURSZTYN, Marcel (Org.). **Para pensar o Desenvolvimento Sustentável.** S. Paulo: Brasiliense, 1994.

BUTTEL, Frederick. Sociologia ambiental, qualidade ambiental e qualidade de vida: algumas observações técnicas. In: HERCULANO, Selene C.; FREITAS, Carlos Machado de; PORTO, Marcelo Firpo de Souza (Org.). **Qualidade de vida e riscos ambientais.** Niterói: EdUFF, 2000.

CABRAL, Sueli Maria. **Trabalhadores do lixo:** o relato de uma pedagogia da desordem. 2001. 15F. Dissertação (Mestrado em Educação) — Programa de Pós-Graduação em Educação, Universidade Federal do Rio Grande do Sul, Porto Alegre, 2001.

CALDERONI, Sabetai. **Os bilhões perdidos no lixo.** São Paulo: Humanitas Publicações; FFLCH-USP, 1998.

CAPPELLI, Silvia (Org.). **Resíduos sólidos.** Porto Alegre: Procuradoria-Geral de Justiça, 2002.

CARDOSO, Adauto. A utopia em construção: modernidade, ecologia e urbanização. In: PIQUET, Roselia; RIBEIRO, Ana Clara Torres (Org.). **Brasil, território de**

desigualdade: descaminhos da modernização. Rio de Janeiro: Jorge Zahar; Fundação Universitária José Bonifácio, 1991.

CARVALHO, Isabel – "As transformações da cultura e o debate ecológico: desafios políticos para uma educação ambiental', In: _____. **Tendências da Educação Ambiental Brasileira.** Sta. Cruz do Sul: EDUNISC, 1998. p. 113-126.

CARVALHO, Ricardo Augusto Alves de. Sustentabilidade: princípios. In: CATTANI, Antonio David (Org.). **A outra economia.** Porto Alegre: Veraz Editores, 2003.

CASTRO, Rogério Álvaro Serro de. **As "Associações" no novo Código Civil.** Jornal do Meio Ambiente. Disponível em: <http://www.jornaldomeioambiente.com.br>. Acesso em: 3 dez. 2003.

CATTANI, Antonio David. Autonomia. In: _____. **Trabalho e tecnologia:** dicionário crítico. Petrópolis: Vozes, 1997.

COMISSÃO MUNDIAL SOBRE MEIO AMBIENTE E DESENVOLVIMENTO. **Nosso Futuro Comum.** Rio de Janeiro: Fundação Getúlio Vargas. 1991.

COMPROMISSO EMPRESARIAL PARA RECICLAGEM. **Lixo Municipal:** manual do gerenciamento integrado. São Paulo: IPT/CEMPRE, 2000.

COSTA, A. C. F. da.; SATTLER, M. A. Catadores informais: elo do processo de coleta dos materiais recicláveis presentes no lixo urbano da cidade de Porto Alegre. In: FRANKENBERG, Cláudio Luis Crescente; RAYA-RODRIGUEZ, Maria Teresa; CANTELLI, Marlize (Org.). **Gerenciamento de resíduos e certificação ambiental.** Porto Alegre: EDIPUCRS, 2000.

COUTINHO, Luciano. A terceira revolução industrial e tecnológica: as grandes tendências da mudança. **Economia e Sociedade,** Campinas, n. 1, ago. 1992.

CROCKER, David. Qualidade de vida e desenvolvimento: o enfoque normativo de Sen e Nussbaum. **Lua Nova,** São Paulo, n. 31, p. 99-133, 1993.

DELEVATI, Dionei Minuzzi et al. A produção de resíduos sólidos na Região da Bacia Hidrográfica do Rio Pardo. In: SEMINÁRIO REGIONAL DE EDUCAÇÃO AMBIENTAL: LIXO E SUSTENTABILIDADE, 3.2002. Santa Cruz do Sul. **Anais...** . Santa Cruz do Sul,RS: EDUNISC, 2002a.

DEMAJOROVIC, Jacques. Da política tradicional de tratamento do lixo à política de gestão de resíduos sólidos: as novas prioridades. In: **Revista de Administração de Empresas**, v. 35, n. 3, EAESP/FGV, São Paulo: 1995, p. 88-93.

DUPAS, Gilberto. A lógica da economia global e a exclusão social. **Estudos avançados,** São Paulo, v. 12, n. 34, p. 121-159, set./dez. 1998.

EIGENHEER, Emílio (Org.). **Coleta seletiva de lixo:** experiências brasileiras. Rio de Janeiro: In-Fólio, 1999.

FIORI, José Luís. **Em busca do dissenso perdido**. Rio de Janeiro: Insight Editorial, 1995.

FIORILLO, Celso Antonio Pacheco. **Curso de direito ambiental brasileiro.** São Paulo: Ed. Saraiva, 2009, 10ª edição.

FISCHER, Nilton. Cidadania e Ação Social: contribuições a partir da categoria "formação". **Veritas,** Porto Alegre, v. 42, n. 2, p. 283-290, jun. 1997.

__________. **Movimentos sociais contemporâneos e educação popular:** aproximações possíveis, complexidades emergentes. Porto Alegre: [s. n.], 2000.

FREIRE, Paulo. **Pedagogia do oprimido.** Rio de Janeiro: Paz e Terra, 1975.

FRITSCH, Ivânea Elisabete. **Resíduos sólidos e seus aspectos jurídicos, legais e jurisprudenciais**. Porto Alegre: Unidade Editorial da Secretaria Municipal de Cultura, 2000.

FUNDAÇÃO ESTADUAL DE PLANEJAMENTO METROPOLITANO E REGIONAL. **Gerenciamento dos resíduos sólidos:** município de Porto Alegre. Porto Alegre: Metroplan, 2000.

GIDDENS, Anthony. Admirável mundo novo: o novo contexto da política. **Cadernos CRH,** Salvador, n. 21, jul./dez. 1994.

__________. **As conseqüências da modernidade.** São Paulo: UNESP, 1991.

__________. **Mundo em descontrole.** Rio de Janeiro; São Paulo: Record, 2000.

CANTELLI, Marlize (Org.). **Gerenciamento de resíduos e Certificação Ambiental.** Porto Alegre: EDIPUCRS, 2000.

GÓMEZ, José Maria. Globalização da política: mitos, realidades e dilemas. In: GENTILI, Pablo (Org.). **Globalização excludente:** desigualdade, exclusão e democracia na nova ordem mundial. Petrópolis: Vozes, 1999.

GRIMBERG, Elisabeth; BLAUTH, Patrícia. **Coleta seletiva:** reciclando materiais, reciclando valores. São Paulo: Instituto Polis, 1998.

GUATTARI, Felix. **As Três Ecologias.** São Paulo: Papirus 1989.

GUTMAN, Pablo. **Problemas y perspectivas ambientales de la urbanización em América Latina:** Medio Ambiente y Urbanización. Buenos Aires: CLACSO/CIFCA, 1982. p. 149-171.

HARDOY, Jorge Enrique; SATTERTHWAITE, David. **Problemas ambientales en ciudades del Tercer Mundo:** es éste un problema mundial que no es tomado en cuenta? Medio Ambiente y Urbanización, Buenos Aires: Instituto Internacional de Medio Ambiente y Desarrollo, 1990.

HARTSOCK, Nancy. **Poder y cambio politico.** Lima: Centro Flora Tristán de la Mujer Peruana, 1983.

HARVEY, David. **A condição pós-moderna.** São Paulo: Loyola, 1992.

__________. Do gerenciamento ao empresariamento: a transformação da administração urbana no capitalismo tardio. **Espaço e Debates,** v. 5, n. 39, 1996.

HIWATASHI, Erica. **O estudo de cadeias no processo de reciclagem dos resíduos domiciliares inorgânicos de Porto Alegre.** 1998. 156f. Dissertação (Mestrado em Administração) — Programa de Pós-Graduação em Administração, Universidade Federal do Rio Grande do Sul, Porto Alegre, 1998.

HUERGO, Mayra Hias Moreira et al. Unidade de Triagem de Resíduos Sólidos do Hospital Psiquiátrico São Pedro. In: SEMINÁRIO NACIONAL DE RESÍDUOS SÓLIDOS, 6., 2002, Gramado. **Anais...** . Porto Alegre: ABES, 2002.

INSTITUTO BRASILEIRO DO MEIO AMBIENTE. **Cidades sustentáveis:** subsídios à elaboração da Agenda 21 brasileira. Brasília: IBAMA, 2000.

JACOBI, Pedro. A percepção de problemas ambientais urbanos em São Paulo. **Lua Nova,** São Paulo, n. 31, p. 47-55, 1993.

________. Meio ambiente urbano e qualidade de vida: aspectos teórico-metodológicos. In: ENCONTRO ANUAL DA ANPOCS, 16, 1992. Caxambu. **Anais...** . Caxambu; MG: ANPOCS, 1992.

JACOBI, Pedro; TEIXEIRA, Marco A. **Criação do capital social:** o caso da ASMARE. São Paulo: Fundação Getúlio Vargas, 1997.

JELIN, Elizabeth. Construir a cidadania: uma visão desde baixo. **Lua Nova,** São Paulo, n. 33, p. 39-57, 1994.

LARANGEIRA, Sonia M. G. Qualificação. In: CATTANI, Antonio David (Org.). **Trabalho e tecnologia:** dicionário crítico. Porto Alegre: UFRGS, 1997.

LAYRARGUES, Philippe P. **O cinismo da reciclagem:** o significado ideológico da reciclagem da lata de alumínio e suas implicações para a educação ambiental. [S.l.:s.n], 2010.

LEAL, Rogério Gesta. **Teoria do Estado:** cidadania e poder político na modernidade. Porto Alegre: Livraria do Advogado, 1997.

LEFF, Enrique. **Saber ambiental**. Petrópolis-RJ: Ed. Vozes, 2001.

LEIS, Héctor R. Para uma Teoria das Práticas do Ambientalismo. In: **O Labirinto:** ensaios sobre ambientalismo e globalização. São Paulo: Gaia, 1996. p. 113-142.

LENZA, Pedro. **Direito Constitucional Esquematizado**. São Paulo: Ed. Saraiva, 2009.

LIEDKE, Elida Rubini. Trabalho. In: CATTANI, Antonio David (Org.). **Trabalho e tecnologia:** dicionário crítico. Petrópolis: Vozes; Porto Alegre: UFRGS, 1997.

MANDARINO, Adriana. **Gestão de resíduos sólidos**: Legislação e práticas no Distrito Federal. 2000. 189f. Dissertação (Mestrado em Educação) – Universidade de Brasília, Brasília, 2000.

MARTINEZ-ALIER, J. Justiça ambiental e distribuição ecológica de conflitos. In: FERREIRA, Leila da Costa (Org.). **A sociologia no horizonte do século XXI.** São Paulo: Bontempo Editorial, 1997.

MEDAUAR, Odete. Comentários dos arts. 1º a 3º. In: ALMEIDA, Fernando Dias Menezes de; MEDAUAR, Odete (Coords.). **Estatuto da Cidade:** Lei n. 10.257, de 10.07.2001. São Paulo: Revista dos Tribunais, 2002. p. 11-27.

MELLO, Maria Inês; SILVEIRA, Eliane. Preservação ambiental e geração de renda em 13 anos de coleta seletiva. **Agora Porto Alegre,** Porto Alegre, n. 104, jul. 2003.

MELO, Marcus André B. C. de. Ingovernabilidade: desagregando o argumento. In: VALLADARES, Licia; COELHO, Magda Prates (Org.). **Governabilidade e pobreza no Brasil.** Rio de Janeiro: Civilização Brasileira, 1995.

MELUCCI, Alberto. Um objetivo para os movimentos sociais? **Lua Nova,** São Paulo, n. 17, p. 49-66, jun. 1989.

MIRRA, Álvaro Luiz Valery. O problema do controle judicial das omissões estatais lesivas ao meio ambiente. **Revista de Direito Ambiental,** n. 15, p. 61-80, jul./set. 1999.

______. Princípios fundamentais do direito ambiental. **Revista de Direito Ambiental,** n. 2, p. 50-66, abr./jun. 1996.

MOTTA, Mara Luisa Alvim. Belo Horizonte. In: EIGENHEER, E. M. (Org.). **Coleta seletiva de lixo:** experiências brasileiras n. 2. Rio de Janeiro: In-Fólio, 1998.

NOVAES, Jurandir Santos de; RODRIGUES, Edmilson Brito (Orgs.). **Luzes na floresta:** o governo democrático e popular em Belém (1997-2001). 2. ed. Belém: Prefeitura Municipal de Belém, 2002.

NUSSBAUM, Martha; SEN, Amartya (Comp.). **La calidad de vida.** México, D. F.: Fondo de Cultura Económica, 1996.

OLIVEIRA, Wilson José Ferreira de. **A utilização do "referencial ambientalista" como justificativa à implantação do sistema de Coleta Seletiva de Lixo em Porto Alegre**. 1995. 146f. Dissertação (Mestrado em Filosofia e Ciênicas Humanas) - Universidade Federal do Rio Grande do Sul, Porto Alegre, 1995.

PEREIRA, Sandhya Alves; SANTOS, Régis Fagundes Galvão. Porto Alegre. In: EIGENHEER, E. M. (Org.). **Coleta seletiva de lixo:** experiências brasileiras n. 2. Rio de Janeiro: In-Fólio, 1998.

INSTITUTO BRASILEIRO DE GEOGRAFIA E ESTATÍSTICA. **Pesquisa nacional de saneamento básico.** 1989. Rio de Janeiro: IBGE, 1992.

______. **Pesquisa nacional de saneamento básico.** 2000. Rio de Janeiro: IBGE, 2002.

PIMENTEIRA, **Cícero Augusto Prudêncio. Aspectos sócio-econômicos da gestão de resíduos sólidos na cidade do Rio de Janeiro:** uma análise insumo-produto. 2002. 146f. Dissertação (Mestrado em Ciências em Planejamento Energético) — Universidade Federal do Rio de Janeiro, Rio de Janeiro, 2002.

POCHMANN, Márcio. **O trabalho sobre fogo cruzado.** São Paulo: Contexto, 1999.

______. **Políticas de trabalho e de garantia de renda no capitalismo em mudança.** São Paulo: LTr, 1995.

PROJETO GALPÃO. **Lixo não é lixo.** Porto Alegre: SMED, SMIC, DMLU/PMPA; FARRGS; UFRGS, 2001a.

QUINTAS, José S.(Org.). **Pensando e praticando a Educação Ambiental na Gestão do meio ambiente.** IBAMA. Brasília. 2000.

RECICLOTECA. **Informativo Recicloteca,** n. 2, jul./set. 1997. Disponível em: <http://www.recicloteca.org.br>. Acesso em: 10 out. 2003.

REICHERT, Geraldo. Gerenciamento Integrado de Resíduos Sólidos — uma proposta inovadora. **Ciência e Ambiente,** Santa Maria, n. 18, p. 53-68, jan./jun. 1999.

RIBEIRO, Luiz César de Queiroz. Cidade, nação e mercado: gênese e evolução da questão urbana no Brasil. In: PINHEIRO, Paulo Sérgio; SACHS, Ignacy; WILHEIM, (Orgs.). **Brasil:** um século de transformações. São Paulo: Companhia das Letras, 2001. p. 134-135.

RODRÍGUEZ, César. À procura de alternativas econômicas em tempos de globalização: o caso das cooperativas de recicladores de lixo na Colômbia. In: SANTOS, Boaventura de Sousa (Org.). **Produzir para viver:** os caminhos da produção não capitalista. Rio de Janeiro: Civilização Brasileira, 2002.

ROHDE, Geraldo Mário. Estudos de impacto ambiental: a situação brasileira. In: VERDUM, R.; MEDEIROS, R. (Org.). **RIMA:** relatório de impacto ambiental. Porto Alegre: UFRGS, 1995.

ROSA, Russel Teresinha Dutra da. Depois do incêndio: reflexões sobre a experiência de um curso com recicladores de lixo. **Espaços da Escola,** Ijuí, v. 11, n. 42, p. 29-43, out./dez. 2001.

_____. **Educação informal na reciclagem de resíduos sólidos urbanos.** 1996. 189f. Dissertação (Mestrado em Educação) — Programa de Pós-Graduação em Educação, Universidade Federal do Rio Grande do Sul, Porto Alegre, 1996.

RUBERG, Claudia; AGUIAR, Alexandre; PHILIPPI JUNIOR, Arlindo. Promoção da qualidade ambiental através da reciclagem de resíduos sólidos domiciliares. In: FRANKENBERG, Cláudio Luis Crescente; RAYA-RODRIGUEZ, Maria Teresa; CANTELLI, Marlize (Org.). **Gerenciamento de resíduos e certificação ambiental.** Porto Alegre: EDIPUCRS, 2000.

SACHS, Ignacy. Do Crescimento Econômico ao Ecodesenvolvimento. In: _____. **Desenvolvimento e Meio Ambiente no Brasil:** a contribuição de Ignacy Sachs. Porto Alegre: Pallotti; Florianópolis: APED, 1998. p. 161- 163.

SANTOS, Boaventura de Sousa; RODRÍGUEZ, César. Introdução: para ampliar o cânone da produção. In: SANTOS, Boaventura de Sousa (Org.). **Produzir para viver:** os caminhos da produção não capitalista. Rio de Janeiro: Civilização Brasileira, 2002.

SAULE Junior, Nelson. Estatuto da cidade e o plano diretor: possibilidades de uma nova ordem legal urbana justa e democrática. In: OSÓRIO, Letícia Marques. **Estatuto da Cidade e reforma urbana:** novas perspectivas para as cidades brasileiras. Porto Alegre: Sergio Antonio Fabris Editor, 2002. p. 77-119.

SAYAGO, Daiane Ely et al. **Resíduos sólidos:** propostas de instrumentos econômicos ambientais. Brasília: MPO; SEPURB, 1998.

SCHERER-WARREN, Ilse. O caráter dos novos movimentos sociais. **Boletim de Ciências Sociais,** Florianópolis, n. 35, out./dez. 1984.

SEABRA, Odette Carvalho de Lima. A problemática ambiental e o processo de urbanização no Brasil. **Pólis,** São Paulo, n. 3, p. 15-21, 1991.

SERVA, Maurício. Gestão urbana e qualidade de vida. **Revista de Administração Pública,** Rio de Janeiro, v. 25, n. 4, p. 219-223, out./dez., 1991.

SILVA, José Afonso da. **Direito urbanístico brasileiro.** 5. ed. rev. e atual. São Paulo: Malheiros Editores, 2008.

SILVA, Telma D. O Cidadão e a coletividade: as identificações produzidas no discurso da Educação Ambiental. In: TRAJBER, R. ; MAZOCHI, L. H. **Avaliando a Educação Ambiental no Brasil:** materiais impressos. São Paulo: Gaia, 1996. p. 47-58.

SILVA FILHO, Carlos Roberto Vieira da/SOLER, Carlos Dourado. **Gestão de resíduos sólidos:** o que diz a lei. Trevisan Editora, São Paulo: 2013, 2ed

SINGER, Paul. Desemprego e exclusão social. **São Paulo em Perspectiva,** São Paulo, v. 10, n. 1, jan./mar. 1996.

______. **Economia política do trabalho.** São Paulo: Hucitec, 1979.

______. **Globalização e desemprego:** diagnóstico e alternativas. São Paulo: Contexto, 1998.

______. **Introdução à economia solidária.** São Paulo: Fundação Perseu Abramo, 2002.

SOARES, Mário Rogério Kolberg. Resíduos sólidos: conceitos, responsabilidades, gerenciamento e destino final. In: CAPPELLI, Silvia (Org.). **Resíduos sólidos.** Porto Alegre: Procuradoria-Geral de Justiça, 2002.

SOUZA, André Ricardo de. Um instantâneo da economia solidária no Brasil. In: SINGER, Paul; SOUZA, André Ricardo de. **A economia solidária no Brasil:** a autogestão como resposta ao desemprego. São Paulo: Contexto, 2000.

TEIXEIRA, Mário Buede. **Planejamento ambiental:** referencial básico e roteiro para formulação do Plano Ambiental Municipal. Dissertação (Mestrado em Ecologia) - Universidade Federal do Rio Grande do Sul, Porto Alegre, 1998.

TOCCHIO, Sérgio. A evolução e os desafios do programa de coleta seletiva do lixo em Curitiba. **Ciência e Ambiente,** Santa Maria, n. 18, p. 102-108, jan./jun. 1999.

TORRES, Haroldo; MARTINE, George. Reordenação econômica, meio ambiente e urbanização: dilemas da trajetória recente dos NIEs. In: SIMPÓSIO SOBRE URBANIZAÇÃO ACELERADA E DEGRADAÇÃO AMBIENTAL. [Trabalho apresentado]. Brasília: [S. n.], 1992.

VIEIRA, Paulo Freire. Meio Ambiente, Desenvolvimento e Planejamento. In: _____. **Meio Ambiente, Desenvolvimento e Cidadania para as Ciências Sociais.** São Paulo: Cortez, 1998 (45-98)

VILHENA, André. **A evolução da coleta seletiva e reciclagem do Brasil.** Porto Alegre: CEMPRE, 2002.

VILLEGAS, German Alberto Jaramillo. Recuperar: de basuriegos a empresários. In: _______. **O lixo como instrumento de resgate social.** Porto Alegre: AEBA; METROPLAN, 1989.

WENDHAUSEN, Eugênia da Silva; LIMA, Teresinha Carvalho de. Projeto de Vida na Ilha Grande dos Marinheiros: uma experiência de resgate social. In: _______. **O lixo como instrumento de resgate social.** Porto Alegre: AEBA; Metroplan, 1989.

WILLING, Eckhard. Valorização do lixo (resíduos): funções econômicas e sociais. In: _______. **O lixo como instrumento de resgate social.** Porto Alegre: AEBA; Metroplan, 1989.